L k. 29.

PROCÈS VERBAL

DES SÉANCES

DE L'ASSEMBLÉE PROVISOIRE

DE LA PROVINCE

DU HAINAUT.

A PARIS,

De l'Imprimerie de DEMONVILLE, Imprimeur-Libraire
de l'Académie Françoise, rue Chriftine.

M. DCC. LXXXVIII.

PROCÈS VERBAL

DES SÉANCES

DE L'ASSEMBLÉE PROVISOIRE

DE LA PROVINCE DU HAINAUT.

PREMIERE SÉANCE du 15 novembre 1787.

L'AN mil sept cent quatrevingt-sept, le quinzieme jour du mois de novembre, onze heures du matin, dans une salle de l'abbaye de S. Jean en la ville de Valenciennes, lieu choisi provisoirement pour la tenue de l'assemblée du Hainaut, convoquée par un ordre du roi, daté de Fontainebleau, du 8 du présent mois, se sont trouvés M. le duc de Croÿ président; MM. les abbés de Crespin, de Lieffies, d'Hautmont, de Saint-Jean & d'Hasnon; MM. Mustellier, doyen du chapitre de Saint-Géry de Valenciennes, Clouet chanoine de Condé, & Gobled chanoine d'Avesnes; MM. le marquis de Trainel, de Préseau d'Hujemont, le vicomte du Buat, le baron de Nédonchel, le marquis de Carondelet, le marquis de Wignacourt, le comte de La Marck, & le comte d'Espiennes; & MM. de Pujol prévôt de Valenciennes, Prouveur de

A

Pont conseiller-pensionnaire de la même ville, Poulliaude de Thierÿ maire de Maubeuge, Langlois échevin de Condé, Déprés lieutenant maire de Bouchain, Canonne Maïeur héréditaire du Quesnoy, Amaniou premier échevin d'Avesnes, Moutier échevin de Bavai, Guitau prévôt de Saint-Amand & Jolÿ bourgmestre de Givet ; Odelant de Beauffart, Moreau de Bellaing, Rousseau de Launois, Deroisin, Perdry de Mingoval, & Scorion ; ainsi que MM. Blondel, procureur-syndic, & Denoiseux, secrétaire-greffier & archiviste.

L'assemblée ainsi formée, le secrétaire-greffier a fait lecture de l'ordre du roi, ci-dessus mentionné, & adressé à M. le duc de Croÿ, dont voici la teneur :

« *Mon cousin, ayant réglé que l'assemblée que j'ai établie à Valenciennes reprendroit ses séances le 15 du présent mois, mon intention est que vous en informiez tous les membres d'icelle, afin qu'ils ayent soin de s'y trouver. Je ne doute pas que la maniere dont vous & eux vous acquitterez des fonctions que vous allez remplir, ne réponde entierement à la confiance que m'inspirent vos lumieres & votre zele pour le bien public. Sur ce, je prie Dieu qu'il vous ait, mon cousin, en sa sainte & digne garde. Ecrit à Fontainebleau, le 8 novembre 1787.* Signé L O U I S. *Et plus bas :* DE LOMÉNIE, comte DE BRIENNE ».

Ledit secrétaire-greffier a pareillement lu à haute voix ce qui suit :

« Il est expressément convenu que les rangs & séances de » tous les membres qui composent la présente assemblée, » ne tireront à aucune conséquence, & qu'il ne pourra en

» être inféré rien de contraire aux droits perfonnels de cha-
» cun des membres, ni des charges qu'ils occupent, ou des
» corps qu'ils repréfentent : à l'effet de quoi fe font ici
» toutes réferves néceffaires ».

Enfuite M. le duc de Croÿ a dit, que M. Raveneau,
maïeur de la ville de Landrecies, étoit mort; que M. Gillot
d'Hon avoit écrit, pour lui témoigner fes regrets de ne pas
pouvoir profiter de l'honneur que l'affemblée lui avoit fait
de l'admettre au nombre de fes membres, & que la fanté de
M. le comte de Sainte-Aldegonde ne lui avoit pas permis
de venir à l'ouverture de l'affemblée.

M. le duc de Croÿ ayant obfervé que, fuivant les inftruétions adreffées de la part du roi, le commiffaire de fa
majefté devoit être reçu par deux procureurs-fyndics, &
que l'affemblée n'en avoit nommé qu'un, il lui a propofé
de prier M. le vicomte du Buat de remplir, en cette occafion, les fonétions de procureur-fyndic de l'ordre de la
nobleffe ; & cette propofition a été acceptée.

MM. l'abbé Clouet & Poulliaude de Thierÿ ont été
députés par M. le préfident, pour aller chez M. Sénac de
Meilhan, commiffaire du roi, le prévenir que l'affemblée
étoit formée, & l'inviter à venir en faire l'ouverture.

Pendant ce temps, M. le duc de Croÿ a témoigné à tous
les membres de l'affemblée fa fatisfaction de fe trouver
réuni avec eux pour continuer le travail commencé dans
l'affemblée du mois d'août dernier.

Il a dit que l'amour du bien public qu'ils y avoient fait
paroître donnoit les plus grandes efpérances aux habitans

de la province ; que les nouveaux membres admis au mois d'octobre avoient fait éprouver les mêmes sentimens, & que la réputation méritée de ceux qui siégoient en ce moment pour la première fois dans cette assemblée, assuroit l'avantage précieux d'y voir sans cesse régner le même esprit, en augmentant la masse des lumières nécessaires pour contribuer au bien des peuples du Hainaut.

Il a observé que les objets dont on devoit s'occuper, étoient indiqués par l'arrêt du conseil d'état du 21 septembre dernier, lequel fait connoître la mission de l'assemblée ; que cependant les intentions du roi devoient lui être communiquées d'une manière plus particulière par M. le commissaire de sa majesté ; & qu'il convenoit d'attendre son arrivée, avant d'entrer dans le détail de la marche à suivre dans les opérations.

M. le président a dit aussi qu'il s'étoit acquitté de la commission de l'assemblée, en écrivant au roi pour porter aux pieds du trône l'hommage de la vive & respectueuse reconnoissance de tous les membres qui la composent, & qu'il avoit pareillement écrit à M. l'archevêque de Toulouse, dont il avoit remis la réponse aux archives de l'assemblée.

MM. l'abbé Clouet & Poulliaude étant de retour, & l'assemblée informée de l'arrivée de M. le commissaire du roi, M. le vicomte du Buat & M. Blondel, procureur sindic, ont été le recevoir au vestibule du cloître de l'abbaye ; MM. l'abbé de Crespin, le marquis de Trainel, de Pujol & Moreau de Bellaing ont été députés par M. le président pour l'aller recevoir dans ledit cloître. M. le commissaire du roi, en robe de cérémonie du conseil, & précédé de ses hoquetons, eft entré accompagné defdits députés, a falué l'affemblée, dont les membres, autres que ceux formant la députation, étoient à leurs places debout & découverts, s'eft affis dans un fauteuil élevé d'un degré, & placé en avant du bureau vis-à-vis celui de M. le préfident, lequel étoit pareillement élevé d'un degré.

M. le commiffaire du roi a prononcé un difcours dans lequel il s'eft appliqué à faire connoître à l'affemblée l'étendue de la bienfaifance de fa majefté pour cette province particulierement.

Il a remarqué que les grands changemens opérés dans les monarchies avoient prefque tous procédé du défir d'étendre l'autorité ou d'accroître les revenus du fifc; que l'affranchiffement des communes, qui eft la plus importante révolution que préfente l'hiftoire, n'avoit été infpiré que par le défir d'augmenter les revenus du monarque ; que l'établiffement des affemblées provinciales étoit fans exemple , en ce qu'il étoit volontairement déterminé par fa majefté pour le plus grand bien des peuples.

M. le commiffaire du roi a enfuite notifié à l'affemblée que les bonifications & retranchemens de tout genre ne fuffifant pas pour mettre au niveau la recette & la dépenfe, fa majefté fe voyoit forcée de joindre à la févérité de l'économie & aux facrifices généreux qu'elle a faits, la reffource d'une augmentation de recette ; qu'après avoir examiné & pefé avec la plus grande attention les moyens qui préfenteroient le moins d'inconvéniens, fa majefté s'étoit déterminée à ordonner une perception exacte des vingtiemes ; il a annoncé en conféquence, que ceux qui les acquittoient ftri&ement n'auroient rien à payer de plus, & que, pour alléger le fardeau, fa majefté y faifoit contribuer fes domaines, & fupprimoit tous priviléges & abonnemens particuliers.

M. le commiffaire du roi a ajouté que fa majefté vouloit bien accorder à la province la faveur d'un abonnement pour la fomme à laquelle fa contribution avoit été eftimée, & qu'elle ne doutoit pas que la province, pour reconnoître fes bontés & pour fon propre intérêt, ne s'empreffât de foufcrire à l'abonnement.

Il a auffi félicité l'affemblée de l'avantage qu'elle a d'être préfidée par un chef recommandable par fon application éclairée aux objets qui intéreffent le bien public, & par des vertus héréditaires dans fon illuftre maifon.

Son difcours fini, M. le commiffaire du roi a remis fur le bureau une copie certifiée par lui de l'inftru&ion à lui adreffée, d'après les ordres de fa majefté, par M. le contrôleur général, du 7 novembre 1787, *figné* Lambert.

M. le Duc de Croÿ a répondu à M. le Commiffaire du Roi, en l'affurant de la refpe&ucufe reconnoiffance que l'annonce de la convocation des états infpiroit à tous les membres de cette affemblée ; il a obfervé que le Roi leur accordoit la plus douce récompenfe qu'ils puffent recevoir, en leur permettant de continuer le travail qu'ils avoient commencé relativement à l'établiffement defdits états, & en témoignant, par l'arrêt de fon confeil du 21 feptembre dernier, qu'il étoit fatisfait du commencement de ce travail, & des principaux points qui y font énoncés ; que Sa Majefté ajoutoit à ce bienfait, par la permiffion

qu'elle leur donnoit de s'éclairer par l'expérience, en
s'occupant dès aujourd'hui des objets d'administration
qu'elle leur a attribués ; que la commission intermédiaire
s'étoit appliquée depuis un mois à rassembler à cet effet
des renseignemens dont elle avoit l'obligation à M. le commissaire du Roi; que les membres de l'assemblée se félici-
toient de pouvoir, en commençant ces importantes opérations, suivre les erremens d'un administrateur qui réunit la
droiture des intentions à l'étendue des lumieres ; & qu'ils
s'adresseroient toujours à lui avec confiance , tant pour se
procurer les connoissances dont ils avoient besoin, que
pour réclamer ses bons offices , à l'effet d'obtenir de sa
majesté un réglement qui mettroit le sceau au bienfait
que sa justice & sa bonté venoient d'accorder à cette province. M. le président a ajouté que cette même confiance
étoit bien nécessaire pour soutenir, dans ce moment, les
membres de l'assemblée contre l'inquiétude que leur cau-
soit l'annonce d'un accroissement des vingtiemes, dont ils
ignoroient encore l'étendue ; que pénétrés des plus pro-
fonds sentimens de respect & d'obéissance envers sa majesté,
animés du zele le plus sincere pour les intérêts de l'état,
ils ne pouvoient cependant se dispenser de reconnoître
que les limites de leurs facultés mettoient des bornes
à leur zele , & qu'ils manqueroient autant à ce qu'ils devoient au roi, qu'à ce qu'ils devoient à leurs concitoyens,
s'ils ne lui représentoient pas avec une respectueuse fran-
chise la pesanteur des fardeaux dont cette province est
déjà chargée ; que les intérêts du roi ne pouvant pas se
séparer de ceux de ses peuples, c'étoit servir sa majesté
selon son cœur, que de lui présenter fidelement la vérité

qu'elle veut connoître ; que cette vérité acquerroit de nouvelles forces , étant appuyée par le témoignage de M. le commiſſaire du roi ; que les ſentimens qu'il avoit démon-trés pendant tout le cours de ſon adminiſtration , ne pou-voient pas laiſſer douter que , ſi l'augmentation annoncée excédoit la proportion des facultés des contribuables , il emploieroit avec ſuccès en leur faveur les moyens que lui fourniroient les connoiſſances qu'il avoit des forces de cette province , & des charges qu'elle ſupporte. Enfin qu'ils ſe flattoient que ſa majeſté ne voudroit pas que rien troublât les tranſports de joie & de reconnoiſſance qu'oc-caſionnoit en ce moment l'annonce de la convocation des états.

Enſuite M. le commiſſaire du roi s'étant levé , & ayant ſalué l'aſſemblée, a été reconduit avec les mêmes honneurs, par les mêmes députés. Leſdits députés étant rentrés , & ayant repris leurs places, M. le duc de Croÿ a prononcé un diſcours relatif aux fonctions de l'aſſemblée & aux tra-vaux faits dans les aſſemblées précédentes. On tranſcrit ici ce diſcours , ſelon le déſir de l'aſſemblée.

» MESSIEURS,

» C'eſt maintenant que nous entrons véritablement dans la » carriere importante que nous avons à parcourir ; elle offre » à notre zele deux objets également intéreſſans, celui d'ad-» miniſtrer dès à préſent, & celui de propoſer à ſa majeſté la » forme d'adminiſtration à adopter pour l'avenir. Un mo-» narque juſte & bienfaiſant , qui vient de réaliſer dans » tout ſon royaume les vœux que la nation formoit depuis

long-temps

(9)

» long-temps pour un nouveau régime , dont l'expérience **a**
» conftaté les avantages dans quelques provinces, a bien voulu
» écouter nos très-humbles repréfentations , & ajouter au
» bienfait de ce nouveau régime , celui de l'accorder au
» Hainaut fous une forme & une dénomination qui puiffe
» fe concilier avec fa conftitution & fes anciens ufages. L'im-
» portance du bienfait fuffit pour faire concevoir celle de la
» miffion honorable qui nous eft confiée. Il ne s'agit pas feu-
» lement de procurer, s'il eft poffible , à nos concitoyens ,
» quelques avantages actuels ; nous avons encore à propofer
» au roi des moyens qui puiffent affurer la perpétuité de ces
» avantages , & nous donner la poffibilité de faire , par la
» fuite , le bien que notre exiftence provifoire ne nous per-
» met pas encore d'effectuer

» Dans votre affemblée du mois d'août dernier , vous avez
» établi , Meffieurs , les bafes de ces moyens ; vous avez
» pefé , avec une fcrupuleufe attention , les avantages ref-
» pectifs du régime des états , & de celui des adminiftrations
» provinciales ; vous avez fenti que l'un & l'autre en avoient
» qui étoient particuliers à chacun d'eux ; & fi l'attachement
» à vos anciennes conftitutions, qui eft toujours une fuite de
» l'amour de la patrie , vous a fait défirer de vous en éloigner
» le moins qu'il feroit poffible , il ne vous a pas empêché
» d'adopter dans les affemblées provinciales les nouvelles
» formes dont l'expérience a fait reconnoître l'utilité. C'eft
» ainfi que vous avez cherché à réunir les avantages des deux
» régimes & que, n'ayant d'autre but que le bien des peu-
» ples , tout ce qui vous a paru y concourir vous a femblé
» devoir être préféré. Un motif bien puiffant vous y a encore
» déterminé; le refpect pour les intentions du roi, manifeftées

B

» dans fon édit du mois de juin dernier. Sa majefté les a rap-
» pelées dans fon réglement du 12 juillet , concernant la
» premiere affemblée de cette province , & dans l'arrêt de
» fon confeil d'état du 21 feptembre ; vous avez cherché ,
» Meffieurs , à concilier ces intentions avec les principes de
» notre conftitution. Votre travail a été mis fous les yeux du
» roi , & fa majefté a daigné déclarer qu'elle en étoit fatif-
» faite. Ce témoignage de fatisfaction eft en même temps une
» récompenfe & une loi pour nous. La marche que nous
» avons à fuivre eft tracée , & vous n'avez plus qu'à perfec-
» tionner l'édifice fur les bafes que vous avez établies vous-
» mêmes , & qui ont obtenu l'approbation du roi. Mais en
» travaillant toujours fur le même plan , vous ne négligerez
» aucune des rectifications de détail dont il pourroit être fuf-
» ceptible ; votre zele ne vous permettra pas d'être fatisfaits
» du bien que vous aurez fait , tant que vous apercevrez qu'il
» vous refte du bien à faire , & vous ne vous confolerez de
» l'impoffibilité d'entrer d'abord dans tous les détails , qu'en
» vous rappe'ant ce que fa majefté a déclaré elle-même , que
» les inftitutions les plus falutaires ne peuvent obtenir dans
» les premiers momens toute la perfection dont elles font
» fufceptibles, & en efpérant qu'elle permettra dans la fuite
» aux états de cette province de lui propofer les change-
» mens qui leur paroîtront propres à mieux feconder
» fes intentions bienfaifantes. En attendant , nous lui propo-
» ferons ceux dont les avantages nous paroîtront certains; & ,
» fi nous apercevons quelques points fur lefquels votre dé-
» licateffe à l'égard des intérêts & droits particuliers vous faffe
» héfiter à propofer un parti déterminé , je crois que nous
» pourrons nous borner à les expofer à fa majefté, en la fup-
» pliant de les pefer dans fa fageffe.

» Une partie effentielle du réglement que nous avons à
» propofer pour notre conftitution , celle qui tient de plus
» près à l'intérêt des peuples , c'eft celle qui concerne les
» fonctions & attributions des états. Le temps ne vous avoit
» pas permis , dans l'affemblée du mois d'août, de vous livrer
» au détail de cette partie ; mais aujourd'hui le roi daigne
» nous donner les moyens de nous éclairer fur les demandes
» que nous avons à lui faire à ce fujet. En nous attribuant ,
» dès à préfent , les mêmes fonctions qu'il a attribuées aux
» affemblées provinciales par fon édit du mois de juin dernier ,
» il nous met à portée d'étudier tout ce qui a rapport aux im-
» pofitions & à l'adminiftration de cette province , & d'ap-
» prendre , par cette étude , quels font les pouvoirs dont nous
» aurons befoin , pour procurer à fes fideles fujets du Hai-
» naut, fous l'autorité de fa majefté & d'après fes intentions ,
» tout le bien qu'ils attendent de fa bonté paternelle. En vous
» livrant à cet examen , vous ferez étonnés , Meffieurs , de
» la multiplicité & de la complication des impofitions que
» fupporte cette province , ainfi que des variétés qui exiftent
» entre les diverfes parties dont elle eft compofée. M. le
» procureur-fyndic , en vous rendant compte du travail de la
» commiffion intermédiaire , vous en développera la nature &
» les caufes. Vous éprouverez , comme MM. de la com-
» miffion intermédiaire , le défir de propofer à fa majefté les
» moyens de foulager la province , en diminuant cette com-
» plication ; mais je crois que vous penferez comme eux ,
» qu'on ne peut opérer le bien dans ce genre , qu'après les
» plus mûres réflexions , & c'eft en cela que vous aurez la
» douleur de voir les effets de votre zele retardés par la ré-
» flexion que j'ai eu l'honneur de vous faire dans le commen-

» cement : que l'état provifoire de notre exiftence actuelle
» nous rend incompétens pour procurer à la province, des
» avantages dont les états feuls pourront la faire jouir. L'étude
» de notre conftitution a déjà dicté cette réflexion, Mef-
» fieurs, à plufieurs d'entre vous. C'eft elle qui a arrêté la
» plupart des intendans de cette province dans le bien qu'ils
» auroient voulu faire. L'adminiftrateur éclairé, aux foins
» duquel fes intérêts font confiés depuis douze ans, & de qui
» nous tenons les renfeignemens qui feront mis fous vos yeux,
» n'a pas pu exécuter tous les projets avantageux qu'il avoit
» formés, & voudra bien nous indiquer ceux dont il croira
» que l'exécution fera plus facile aux états.

» Nous ferons donc obligés, jufqu'à leur formation,
» Meffieurs, de nous borner à fuivre exactement, dans les
» objets qui nous feront confiés, les principes d'adminiftration
» établis ; & fi nous fommes malheureufement forcés de
» laiffer encore fubfifter des inconvéniens que nous pourrions
» apercevoir dans la nature & la complication des impôts &
» droits, auxquels cette province eft affujettie, nous aurons
» du moins la confolation de nous inftruire de ce que les états
» pourront faire un jour, pour procurer à nos concitoyens,
» autant que les circonftances le permettront, le foulage-
» ment auquel tendent tous nos vœux.

» Animés du défir le plus ardent de parvenir à ce but,
» nous n'avons pu entendre qu'avec la plus vive douleur, que
» les befoins de l'état pourroient exiger de nouveaux facri-
» fices ; mais n'en connoiffant pas encore l'étendue, nous
» devons mettre en ce moment tout notre efpoir dans la
» bonté du cœur de fa majefté, & nous difpofer à étudier
» avec zele les moyens qu'il feroit poffible d'employer pour

» adoucir le poids des charges , que les circonftances ren-
» droient néceffaires.

 » Dans cette vue , j'aurai l'honneur de vous propofer ,
» conformément aux intentions de fa majefté , la compo-
» fition de plufieurs bureaux , lefquels pourront encore
» fe fubdivifer quelquefois en comités, pour la facilité du
» travail ou pour la rédaction des rapports qu'ils auront à
» faire à l'affemblée générale.

 » C'eft en fuivant toutes ces opérations , Meffieurs ,
» que j'aurai chaque jour occafion de fentir tout le prix
» de la miffion dont le roi m'a honoré. C'eft en profitant de
» vos lumieres , en m'affociant à vos vues , en m'animant de
» votre efprit , que je jouirai du bonheur que j'ambitionne
» le plus , celui de coopérer avec vous à l'accompliffe-
» ment des intentions paternelles de fa majefté , & à des
» opérations utiles qui puiffent nous mériter l'eftime de
» de nos concitoyens ».

 Enfuite M. le duc de Croÿ a propofé d'inviter M.
l'abbé de Saint - Jean à célébrer le lendemain la meffe
du Saint - Efprit, ce qui ayant été accepté, il a été convenu
qu'elle feroit célébrée à dix heures, dans l'églife abbatiale
de Saint - Jean; fur quoi M. le préfident a levé la féance,
& a indiqué celle du lendemain à l'iffue de ladite meffe.

Signé , le duc DE CROÿ.

DENOISEUX , fecrétaire - greffier.

S E A N C E du vendredi 16 novembre 1787, dix heures du matin.

L'affemblée a affifté en corps à une meffe folemnelle du Saint-Efprit, célébrée par M. l'abbé de Saint-Jean en fon églife abbatiale.

A l'iffue de ladite meffe, l'affemblée s'eft rendue dans la falle ordinaire de fes féances, & M. le duc de Croÿ a remercié au nom de l'affemblée M. l'abbé de Saint-Jean.

Il a été fait lecture du procès verbal de la féance d'hier.

Enfuite M. le préfident a nommé une députation compofée de MM. l'abbé de Lieffies, le comte de La Marck, de Pujol, & Prouveur de Pont, pour aller faluer M. le commiffaire du roi de la part de l'affemblée, & les mêmes députés ont été priés d'aller dans l'après-dîner chez madame l'intendante.

M. Blondel, procureur-fyndic, a fait, au nom de la commiffion intermédiaire, le rapport qui fuit :

M E S S I E U R S,

« La commiffion intermédiaire ayant cherché à fe conformer exactement à l'inftruction que vous lui avez donnée dans la féance du 4 octobre dernier, a commencé fon travail par l'examen de tout ce qui eft relatif à l'établiffement des états. Cet objet que vous avez regardé, Meffieurs, comme le premier & le plus important de ceux qui devoient fixer fon attention, lui a paru exiger préalablement des renfeignemens détaillés, tant fur les anciens ufages pratiqués en Hainaut, que fur ceux qui le font en la province d'Artois, conformément à l'arrêt du confeil du 21 feptembre dernier. Elle a cru pouvoir pareillement puifer des connoiffances utiles dans les détails qu'il lui feroit poffible de fe procurer fur quelques autres provinces du royaume, qui font adminiftrées par des affemblées d'états. Elle a rédigé avec foin un grand nombre de queftions, qu'elle a adreffées à Mons & à Arras; plufieurs d'entre vous, Meffieurs, ont bien voulu lui remettre des mémoires qui répandent déjà beaucoup de lumieres fur les principaux points de la conftitution des états du Hainaut & de ceux d'Artois. La commiffion a reçu des mémoires très-inftruc-tifs fur les états de Languedoc, & fur ceux de Bourgogne; mais les queftions qu'elle a adreffées à Mons & à Arras étant beaucoup plus multipliées & plus détaillées, il faut plus de temps pour y répondre, & elle n'a encore reçu qu'une partie des renfeignemens qu'elle avoit demandés dans ces deux villes.

» En attendant, la commiffion s'eft procuré, conformément à vos inftructions, des mémoires & des tableaux relatifs aux contributions & impofitions que fupporte cette province, ainfi qu'à leur répartition & perception, & des détails fur les ouvrages publics & fur les adjudications. Tous ces objets, Meffieurs, feront mis fous vos yeux; & avant que vous donniez vos foins à chacun d'eux en particulier, la commiffion a cru devoir vous faire une expofi-

tion fommaire des différentes fortes d'impofitions foncieres
& perfonnelles , & des droits de diverfes efpeces , auxquels
la province eft affujettie , ainfi qu'un abrégé hiftorique de
l'origine de quelques-unes de ces impofitions, des variations
qu'elles ont éprouvées , & des différences qui exiftent à cet
égard entre divers cantons de la province.

» Avant de commencer cette expofition , il eft bon de
fe rappeler les époques auxquelles ces divers cantons ont
paffé fous la domination françoife , & les époques de la réunion de quelques-uns à la généralité du Hainaut.

» Par le traité des Pyrénées, du 7 novembre 1659 , la
France a acquis dans le Hainaut proprement dit les villes
de Landrecies , du Quefnoi , & d'Avefnes avec leurs
dépendances , & dans le pays d'entre Sambre & Meufe ,
les villes de Mariembourg & de Philippeville avec leurs
dépendances

» Par le traité de Nimegue , du 17 Septembre 1678,
la France a acquis définitivemeut la ville de Valenciennes
avec fes dépendances, ainfi que les villes & dépendances
de Condé , Bouchain , Bavai , & Maubeuge , & dans le
pays d'entre Sambre & Meufe , la ville de Charlemont &
fes dépendances, qui compofent la prévôté d'Agimont ou
des deux Givets.

» Par les traités d'Utrecht du 11 avril 1713 , de Raf-
tadt du 6 mars 1714 , & de Bade du 7 feptembre fuivant , la France a acquis dans le Tournaifis la ville de Saint-
Amand avec dépendances , & Mortagne fans dépendances.

» Par convention du 16 mai 1769 , qui n'a été pleine-
ment exécutée qu'après celle du 18 novembre 1779 , la
France a enfin acquis plufieurs dépendances de Mortagne ,

&

& fur les frontieres du pays de Liége , Fumai & Revin , avec leurs dépendances , qui font Montigny - fur - Meufe & Fépin.

» Les villes & dépendances mentionnées ci - deffus , & démembrées, partie du Hainaut proprement dit , partie du pays de Liége ou du comté de Namur , entre Sambre & Meufe & outre Meufe , partie du Tournaifis , n'ont pas toutes été réunies d'abord fous l'intendance du Hainaut. Cette intendance fe tenoit originairement à Maubeuge; Valenciennes n'a été détachée de l'intendance de Flandres , pour être unie à celle du Hainaut , qu'en 1715. Deux arrêts du conseil , l'un du 11 juillet 1730 , l'autre du 4 août 1754 , y ont pareillement réuni Condé, Bouchain , Saint-Amand & Mortagne.

« En confidérant à combien d'époques différentes toutes ces parties ont été démembrées de la domination ou de l'adminiftration dont elles dépendoient , pour être réunies à la domination françoife ou à la généralité du Hainaut , vous ne ferez pas étonnés , Meffieurs , des variétés qui exiftent dans les diverfes parties qui compofent aujourd'hui un même tout ; & comme il réfulte de ces variétés, que dans plufieurs cantons il exifte beaucoup de droits qui tiennent lieu de véritables impofitions, en raifon de leur origine , de leur importance , & des objets auxquels leurs produits font affectés, nous vous expoferons également & les impofitions & les droits auxquels la province eft affujettie, fans diftinguer ceux qui peuvent être ou n'être pas du reffort de votre adminiftration actuelle.

» Pour avoir quelque idée de ces impofitions & droits , il eft convenable de les divifer en deux claffes.

C

» La premiere comprend les impofitions anciennes, établies fous la domination efpagnole par les adjudications des
états du Hainaut, dites *criées de Mons*, & qui exiftoient lorfqu'une partie de la province eft paffée fous la domination
françoife : ces impofitions font le réfultat d'octrois accordés aux états du pays, pour fournir aux fubfides demandés
par le fouverain.

» La feconde claffe comprend les impofitions nouvelles,
établies fur les diverfes parties du département, depuis leur
union ou réunion fucceffive à la couronne.

Impofitions de
la premiere claffe.

» Les impofitions de la premiere claffe font :

» Les *anciens vingtiemes des fonds.*

» Les *feux & cheminées.*

» Le *patard au florin* du prix de la vente des bois, ou
plutôt le droit annuel de 8 fous par mefure de bois, qui
lui eft fubftitué dans certaines parties du Hainaut.

» La *taille des bêtes vives.*

» Le *tuage des beftiaux.*

» Le *pas de penas* fur les beftiaux, à l'égard duquel il
y a eu plufieurs conteftations.

» Les droits *fur les vins, eaux-de-vie, liqueurs, bieres
& cidres* qui fe confomment dans la province.

» Le droit *fur les tabacs*, converti pour ceux en corde
en une augmentation de droit fur les bieres faites dans
la province, & confervé pour les tabacs ficelés.

» Le *droit fur les fels.*

» Enfin les droits fur les *chàrbons de terre.*

» On devroit ajouter à cette énumération des impofitions
efpagnoles, celle connue fous le nom d'*aide ordinaire*; mais
comme elle eft confondue dans un feul & même mande-

ment , dans un feul & même régime d'adminiftration , avec les impofitions françoifes ; on croit pouvoir la ranger dans la claffe de ces dernieres.

» Le temps ne permet pas d'entrer dans le détail de tous ces impôts & droits ; on fe contentera d'obferver qu'ils font multipliés autant qu'ils peuvent l'être , & d'autant plus oné-reux, qu'ils font aujourd'hui frappés de 1 0 fous pour livre : mais il convient d'expofer ici l'origine & la confiftance des anciens vingtiemes , & de l'impôt fur les feux & che-minées.

» Le vingtieme du revenu des biens fut originairement établi en 1 5 6 9 ; les états du Hainaut ont formé en divers temps des cahiers ou cadaftres qui fervent encore de bafe à la répartition de cette impofition.

Anciens ving-tiemes.

» A l'époque du traité des Pyrénées en 1 6 5 9 , il exiftoit deux de ces vingtiemes , & c'eft en cet état que les villes & dépendances d'Avefnes , de Landrecies , & du Quefnoi , font paffées à la France , qui les y a maintenues.

» A l'époque du traité de Nimegue en 1 6 7 8 , il fe levoit quatre vingtiemes dans les châtellenies & prévôtés de Va-lenciennes , Bouchain , Condé , Maubeuge , & Bavai. Ces cantons les fupportent encore , excepté qu'à Valenciennes & dans fa prévôté le Comte, dans la châtellenie de Bou-chain & dans les dépendances de Condé , les anciens vingtiemes fe payent à titre d'*aide ;* d'abord elle étoit fim-ple & ordinaire ; peu de temps après il fallut la doubler à titre d'aide extraordinaire , & les arrêts du confeil des 2 0 mai & 2 4 juin 1 7 0 4 ordonnerent encore un *fup-plément* de l'aide extraordinaire , équivalant à deux ving-tiemes ; de forte que dans ces endroits il fe perçoit dix anciens vingtiemes à titre d'aide. Il en eſt de même des prévôtés de Saint-Amand & de Mortagne.

Feux & cheminées.

» Le droit ſur les *feux* a été établi en 1621 pour l'étape des gens de guerre. C'eſt une impoſition de vingt patards par chaque *feu* ou maiſon à la campagne, & non dans les villes qui fourniſſent le logement aux troupes.

» Le droit ſur les *cheminées*, tant dans les villes qu'à la campagne, eſt de vingt patards dans certains endroits, & de trente dans d'autres ſur chaque corps ou tuyau extérieur de cheminée.

» La *retrouve* ou reconnoiſſance des feux & cheminées ſe faiſoit autrefois chaque année ; mais cet uſage ne s'eſt conſervé qu'à Bouchain & à Condé, relativement aux cheminées ſeulement.

Impoſitions de la ſeconde claſſe.

» Les impoſitions de la ſeconde claſſe ſont *l'aide ordinaire*, laquelle (ainſi qu'on l'a déjà obſervé) devroit être rangée dans la premiere claſſe.

» L'*aide extraordinaire & ſon ſupplément.*

» Les *impoſitions acceſſoires des aides.*

» La *capitation, 4 ſous pour liv. d'icelle, & autres impoſitions au marc la livre de la capitation, y compris l'abonnement du contrôle & 10 ſous pour liv.*

» Les *deux nouveaux vingtiemes & 4 ſous pour liv. du premier.*

» L'impoſition *repréſentative des corvées au marc la livre de la capitation* des campagnes & non des villes.

» Et les *quatre patards au bonnier de la prévôté le Comte de Valenciennes.*

» On peut ajouter à ces impoſitions,

» Le *liard au pot , jurés braffeurs & égards gourmeurs de la châtellenie de Bouchain.*

» Et *les deux liards au pot , jurés braffeurs & égards gourmeurs en Hainaut.*

» La province eft de plus fujette aux droits *réfervés*, dans lefquels font compris les dons gratuits des villes, ceux fur les cuirs & peaux, fur les huiles, favons, amidon, papiers, cartons, poudre à poudrer, cartes à jouer, & fous pour livres defdits droits. Les adminiftrations municipales font enfin chargées de droits d'octrois & 10 fous pour livres d'iceux, dont le produit s'emploie en grande partie pour le fervice du roi. Mais il feroit difficile d'entrer ici dans le détail de ces droits.

» Avant le nouvel ordre établi par la déclaration du 13 février 1780, les aides ordinaire & extraordinaire s'impofoient féparément l'une de l'autre.

» Les impofitions acceffoires des aides s'impofoient de même chacune féparément, & avoient pour objets, la maréchauffée, les intérêts des fortifications de Valenciennes, le principal & 10 fous pour livre de l'abonnement des courtiers - jaugeurs, le logement de l'état major de Bouchain & les fortifications de cette ville, les gages des maîtres des poftes, la défenfe & la fûreté des côtes, & le petit équipement de la milice.

» Enfin la capitation s'impofoit féparément des impofitions établies au marc la livre d'icelle, & ces dernieres s'impofoient chacune féparément l'une de l'autre : on diftinguoit donc, la capitation & 4 fous pour livre, la pépiniere du roi, l'habillement de la milice, l'abonnement du contrôle & 10 fous pour livre, les canaux de Picardie &

de Bourgogne, les routes de l'entre Sambre & Meufe, l'indemnité des huiffiers du confeil, le canal de la Lys à l'Aa, les droits d'ufages & nouveaux acquêts, & les 1 o fous pour livre de ces droits.

» Mais le nouvel ordre de 1780 a cumulé, dans une *premiere divifion*, les aides ordinaire & extraordinaire.

» Dans une *feconde*, les impofitions acceffoires des aides.

» Dans une *troifieme*, la capitation & les impofitions au marc la livre d'icelle.

» La cumulation de plufieurs de ces impofitions a fait perdre de vue la trace, la nature, le montant & la durée de chacune.

» Nous allons, Meffieurs, parcourir rapidement chaque impofition comprife dans ces trois divifions.

PREMIERE DIVISION.

Aides ordinaire & extraordinaire.

» L'*aide ordinaire* a lieu,

Dans la ville de Valenciennes, & fa prévôté le Comte.

Dans les ville & châtellenie de Bouchain.

Dans les paroiffes & communautés du Vieux-Condé, d'Hergnies, & de Rengies, dépendances de Condé.

Dans les ville & prévôté de Saint-Amand.

Enfin à Mortagne & dans fa prévôté.

La demande de l'aide ordinaire fe fait à la ville de Valenciennes chaque année par M. l'intendant, en vertu de commiffion particuliere du Roi.

L'*aide extraordinaire* fe leve dans les mêmes endroits où fe leve l'aide ordinaire.

» Le nom feul d'*aide extraordinaire* fuffit pour faire voir que c'eft un fecours momentané fourni par les adminiftrations en fus de leurs charges ordinaires ; auffi dans

tous les arrêts du conseil qui, jusqu'en 1780, se renou-
veloient annuellement pour cette imposition, ainsi que
pour l'aide ordinaire, étoit-il dit : *moyennant quoi, lesdits habitans demeureront exempts, pendant ladite année, de
toutes demandes & affaires concernant les finances.* Cette
clause n'a cependant pas empêché que jusqu'aujourd'hui
les administrations sujettes à l'aide extraordinaire n'aient
supporté, dans la proportion des administrations exemptes,
leur part, soit dans les nouvelles impositions, soit dans les
augmentations survenues à celles qui existoient antérieurement.

» Il est vrai que le roi fait quelquefois remise d'une partie de cette aide extraordinaire, dans des circonstances particulieres, & qu'il la remet ordinairement à Valenciennes
& à Bouchain, ou plutôt qu'il permet que son produit serve
à acquitter des charges publiques de ces administrations ;
de sorte que les habitans n'en payent pas moins, & le cours
seul des deniers est changé (1).

» L'imposition pour la *maréchaussée* a été continuée avec
augmentation par arrêt du conseil du 5 décembre 1768,
pour le payement des appointemens & solde des anciennes
& nouvelles brigades de maréchaussée.

» L'imposition établie pour les *intérêts des fortifications
de Valenciennes* a pour objet le payement des intérêts dus
aux propriétaires des terreins & bâtimens pris pour les fortifications de cette ville, en exécution des arrêts du conseil des 28 mars 1719 & 17 mai 1720.

SECONDE
DIVISION.
Impositions ac-
cessoires des aides.

(1) Les aides ordinaire & extraordinaire se payent dans la ville
de Valenciennes sur le produit de ses octrois.

» L'impofition des *courtiers-jaugeurs* tire fon origine des droits de courtiers-jaugeurs & infpecteurs aux boucheries & aux boiffons, lefquels droits ont été convertis en abonnement dans les provinces exemptes des aides. Une déclaration du 18 feptembre 1696, enregiftrée le 17 octobre fuivant, avoit fixé la levée des droits de jauge en Flandres & en Hainaut : une autre déclaration du 8 feptembre 1755, enregiftrée le 29 octobre 1756, avoit prorogé, pour fix ans, la levée des droits de courtiers-jaugeurs & infpecteurs aux boucheries & aux boiffons, & 2 fous pour livre d'iceux ; enfin l'édit de novembre 1771 a chargé l'abonnement de 8 fous pour livre qui furent portés à dix par l'édit d'août 1781.

» Le *logement de l'état major de Bouchain* eft une impofition particuliere à cette châtellenie, & fon titre annonce fa deftination.

» Les *quatre patards au bonnier* de la même châtellenie ont été établis par lettres patentes du 16 mars 1711, qui en ont affecté le produit aux augmentations & entretien des fortifications de Bouchain ; la levée eft prorogée pour trente années, à commencer du premier janvier 1771, par arrêt du 21 août 1770.

» L'impofition intitulée *gages des maîtres des poftes*, confifte en une fomme fixe qui fe remet au tréforier général des poftes, dont une partie eft payée par les ville & châtellenie de Bouchain, & l'autre partie par la ville de Condé ; nous ne favons pas fur quel arrêt cette impofition eft fondée.

» L'impofition appelée *défenfe & fûreté des côtes*, fembleroit ne devoir exifter que pendant la guerre.

» Il

(25)

» Il en eft de même du petit *équipement de la milice.*

» La *capitation* exifte dans cette province, comme dans le refte du royaume, & on y comprend une fomme deftinée dans le principe à l'entretien des haras, qui ont été depuis fupprimés.

» Nous allons indiquer fommairement les autres impofitions qui font comprifes dans la même divifion.

» Celle intitulé *pépiniere du roi* avoit été deftinée aux frais d'une pépiniere pour l'entretien des arbres des chemins royaux ; elle n'a pas lieu à Bouchain ni à Saint-Amand & Mortagne, dont les adminiftrations ne font pas comprifes dans le reffort des ponts & chauffées de la province.

» L'impofition de la *milice* eft commune à tout le royaume.

» L'*abonnement du contrôle & 10 fous pour livre* a été renouvelé au premier janvier de cette année, & porte une augmentation.

» L'impofition des *canaux de Picardie & de Bourgogne*, celle du *canal de la Lys à l'Aa*, & celle des *routes de l'entre Sambre & Meufe*, ont été établies pour fubvenir aux dépenfes de ces ouvrages ; les états de Cambrai ont obtenu décharge de la derniere.

» L'impofition intitulée *indemnité des huiffiers du confeil*, a été établie pour les indemnifer & rembourfer des avances qu'ils font tenus de faire pour les menues néceffités du confeil.

» Les droits *d'ufages & nouveaux acquêts*, établis en Hainaut comme dans tout le royaume, ont été convertis en une fomme fixe par arrêt du confeil du 19 juillet 1725 ; & cette fomme eft augmentée des dix fous pour livre.

» Telles font, Meffieurs, les impofitions qui font,

D

ainsi que nous l'avons observé, cumulées en trois divisions depuis la déclaration du 13 février 1780.

» Il nous reste à vous parler des deux nouveaux vingtiemes & 4 sous pour livre du premier, de l'imposition représentative des corvées, des quatre patards au bonnier de la prévôté le Comte de Valenciennes, du liard au pot de la châtellenie de Bouchain, des deux liards au pot de la province du Hainaut, & des jurés brasseurs & égards gourmeurs.

Nouveaux vingtiemes.

» Les *deux nouveaux vingtiemes & 4 sous pour livre du premier* (1) sont abonnés dans cette province en vertu de différens arrêts du conseil ; savoir, un pour les ville & châtellenie de Bouchain, un pour chacune des prévôtés de Saint-Amand & de Mortagne, & un pour le reste de la généralité. Il est bon d'observer que les domaines, les biens des princes du sang & ceux de l'ordre de Malte ne sont point compris dans cet abonnement.

Corvée.

» L'imposition *représentative de la corvée* a été établie dans tout le royaume par un arrêt du conseil du 6 novembre 1786 ; & dans le Hainaut par un arrêt particulier du conseil du 14 décembre suivant. Cet objet est susceptible de beaucoup d'observations particulieres qui seront mises sous vos yeux.

» Les *quatre patards au bonnier de la prévôté le Comte* ont été cédés à la ville de Valenciennes à condition de payer, chaque année, 31,250 livres pour être employées à ses fortifications.

---

(1) L'on ne parle pas ici des nouveaux édit & déclaration de cette année concernant les vingtiemes & corvées, parce qu'ils ne sont pas encore enregistrés au parlement de Flandre.

(27)

» On dit *que le liard au pot de la châtellenie de Bouchain* est un octroi qui appartient à cette ville ; mais la commiffion intermédiaire n'a pas encore vu le titre de cet octroi.

» Les droits *de jurés braffeurs & d'égards gourmeurs* de la même châtellenie font affectés à la conftruction & à l'entretien de fes ponts & chauffées.

Jurés braffeurs & égards gourmeurs de la même châtellenie.

» Le droit *de deux liards au pot en Hainaut*, confifte, fuivant fa dénomination, en deux liards au pot de forte biere cabaretiere, lefquels fe levent dans les dix villes compofant l'ancien département du Hainaut, & les paroiffes en dépendantes.

Deux liards au pot en Hainaut.

» Le droit *de jurés braffeurs* établi par édit du mois de mai 1693, enregiftré le 5 juin fuivant, confifte en dix patards à la tonne de forte biere, & trois patards à la tonne de petite.

Jurés braffeurs & égards gourmeurs en Hainaut.

» Le droit *d'égards gourmeurs* établi par édit de juin 1694, enregiftré le 17 juillet fuivant, confifte en cinq patards par tonne de forte biere, & deux patards & demi par tonne de petite.

» Ces deux derniers droits fe levent dans les villes du Quefnoi, de Maubeuge, Bavai, Landrecies, Avefnes, Philippeville, Givet, Mariembourg, Condé, dans les paroiffes qui dépendent de ces villes, & dans les vingt-cinq villages de la prévôté le Comte de Valenciennes, fur les bieres braffées pour être débitées dans les hôtelleries & cabarets feulement, fans pouvoir y affujettir les bieres non marchandes, fuivant un arrêt du confeil du 12 juillet 1771.

» Les *deux liards au pot* font employés, fuivant la derniere adjudication, à l'entretien ordinaire des hôpitaux de la province.

D ij

» A l'hôpital général de Valenciennes.

» Au payement des sommes accordées par sa majesté à titre de secours à différentes villes de la province.

» Au payement des ouvrages de reconstructions & réparations, tant des casernes, que des prisons de la ville de Valenciennes, & de l'acquisition d'un hôtel pour le commandant.

» Le surplus aux ouvrages de quelques autres villes, à l'extinction de la mendicité, & à des secours pour l'hôpital général, suivant ce qu'ordonne sa majesté.

» Les droits de jurés brasseurs & égards gourmeurs sont totalement affectés à l'entretien des chemins de la province, & le montant en est versé dans la caisse des ponts & chaussées.

» Ces droits sont assujettis à 5 sous pour livre en sus de leur principal, tenant lieu des 10 sous pour livre établis par l'édit d'août 1781.

» Nous devons répéter ici, Messieurs, l'observation que nous avons déjà eu l'honneur de vous faire, qu'en outre de tous ces impôts & droits, la province est encore assujettie aux droits réservés, à ceux sur les cuirs & peaux, à ceux sur les huiles, savons, amidon, papiers, cartons, poudre à poudrer, cartes à jouer, & aux sous pour livre desdits droits, & que les administrations municipales sont chargées de beaucoup de droits d'octrois, dont le produit s'employe en grande partie pour le service du roi.

Traites   » Nous ne parlons pas ici des droits de *traites*, à l'égard desquels cette province a cela de particulier, que ses habitans, après avoir acquitté ceux auxquels sont imposées les denrées & marchandises qui sont importées du pays étranger en France, font encore fujets à des droits ou prohibitions pour ce qu'ils voudroient tirer de l'intérieur du royaume ou y tranfporter.

» La commiffion intermédiaire a cru convenable de terminer ce rapport en vous obfervant, Meffieurs, que le clergé du Hainaut, ne faifant point partie de celui de France, eft compris dans les impofitions de cette province à quelques exceptions près, léfquelles font principalement relatives à la capitation, fans s'étendre à tous fes acceffoires. Il jouit auffi de plufieurs exemptions de droits ; mais il eft fujet à des tailles *ordinaire & extraordinaire* en commun avec le clergé du Hainaut autrichien, pour l'acquittement d'arrérages & intérêts d'anciens emprunts. Il paye encore le droit d'*oblat*, qui eft une impofition particuliere à cet ordre. Au refte, tout ce qui concerne le clergé de cette province fera plus amplement développé dans des mémoires particuliers qui feront mis fous les yeux de l'affemblée.

Ce rapport étant fini, M. Denoifeux, fecrétaire-greffier & archivifte, a fait lecture de l'inftruction remife hier par M. le commiffaire du roi, & à lui adreffée, d'après les ordres de fa majefté, par M. le contrôleur général, en date du 5 novembre 1787.

M. le préfident a propofé à l'affemblée la compofition de quatre bureaux, ainfi que d'une commiffion particuliere, & y a diftribué les membres de l'affemblée de la maniere fuivante.

BUREAU DE L'IMPOT.

MESSIEURS.

L'abbé DE SAINT-JEAN.

CLOUET, chanoine de Condé.

Le vicomte DU BUAT.

Le marquis DE CARONDELET.

PROUVEUR DE PONT, conseiller - penſionnaire de Valenciennes.

POULLIAUDE DE THIERŸ, maire de Maubeuge.

GUITAU, prévôt de Saint-Amand.

JOLY, bourgmeſtre de Givet.

BUREAU DES FONDS ET DE LA COMPTABILITÉ.

MESSIEURS.

L'abbé DE CRESPIN.

MUSTELLIER, doyen du chapitre de Saint-Géry de Valenciennes.

Le marquis DE TRAINEL.

Le marquis DE WIGNACOURT.

CANONNE, maïeur héréditaire du Queſnoi.

LANGLOIS, échevin de Condé.

ODELANT DE BEAUSSART.

ROUSSEAU DE LAUNOIS.

BUREAU DES TRAVAUX PUBLICS.

MESSIEURS.

L'abbé D'HASNON.

GOBLED, chanoine d'Aveſnes.

Le baron DE NÉDONCHEL.

DE PRÉSEAU d'HUJEMONT.
MOUSTIER , échevin de Bavai.
AMANIOU , premier échevin d'Avefnes.
SCORION.
PERDRY DE MINGOVAL.

BUREAU D'AGRICULTURE DU COMMERCE
ET DU BIEN PUBLIC.

MESSIEURS.

L'abbé DE LIESSIES.
L'abbé D'HAUTMONT.
Le comte D'ESPIENNES.
Le comte DE LA MARCK.
DE PUJOL , prévôt de Valenciennes.
DÉPRÉS , lieutenant-maire de Bouchain.
MOREAU DE BELLAING.
DE ROISIN.

COMMISSION PARTICULIÈRE POUR LA VISITE DU GREFFE
ET DES ARCHIVES.

ET POUR LA RÉDACTION ET RÉVISION DU PROCÈS-VERBAL.

MESSIEURS.

L'abbé DE SAINT-JEAN.
Le vicomte DU BUAT.
DE PUJOL , prévôt de Valenciennes.
MOREAU DE BELLAING.

M. le préfident a levé la féance à deux heures après midi,
& a indiqué celle du lendemain famedi, à dix heures & demie
du matin.　　　　　　*Signé* , le duc DE CROŸ.

DENOISEUX, fecrétaire-greffier.

SÉANCE du famedi 17 *novembre* 1787 , *dix heures &*
demie du matin.

Il a été fait lecture du procès verbal de la féance d'hier.

MM. Bofquet prévôt de Phillippeville, & Contamine
échevin de Landrecies, ont été nommés membres de l'affemblée, pour remplacer MM. Gillot d'Hon & Ravenau.

Il a été nommé une commiffion particuliere pour prendre en confidération l'augmentation demandée fur les
vingtiemes, compofée de MM. du bureau de l'impôt, auxquels ont été adjoints MM. l'abbé de Lieffies, le comte
de la Marck, le comte d'Efpiennes, Canonne maïeur
héréditaire du Quefnoy, Langlois échevin de Condé, &
Odelant de Beauffart.

M. le préfident a levé la féance, & a indiqué la fuivante
à lundi, dix heures & demie du matin.

Signé, le duc DE CROŸ.

DENOISEUX, fecrétaire-greffier.

SÉANCE du lundi 19 *novembre* 1787 , *dix heures & demie*
du matin.

Il a été fait lecture du procès verbal de la féance du
famedi dix-fept.

Il a été nommé une commiffion pour le travail relatif à
la conftitution.

Ladite

Ladite commiffion a été compofée de MM. l'abbé de
Crefpin, Muftellier doyen du chapitre de Saint-Géry de
Valenciennes , le marquis de Trainel, le comte de la
Marck , le marquis de Wignacourt , de Puiol prévôt de
Valenciennes ; Prouveur de Pont confeiller-penfionnaire
de la même ville , Déprés lieutenant-maire de Bouchain ,
Moreau de Bellaing , & Rouffeau de Launois.

Il a été difcuté fi ladite commiffion feroit chargée de
faire fes obfervations & fon rapport fur tous les objets relatifs à la conftitution en général , ou fi on ne la chargeroit
de faire fes obfervations & fon rapport que fur les objets
qui n'ont pas été arrêtés au mois d'août.

M. le comte de la Marck a obfervé que les nouveaux
membres de l'affemblée pourroient avoir des réflexions à
faire fur les articles qu'on regardoit comme arrêtés , &
que l'arrêt du confeil d'état du roi, du 21 feptembre, pref-
crivoit d'*examiner encore les points effentiels qu'il fera conve-*
nable de déterminer fur la conftitution.

Sur quoi, il a été répondu que , dans le même arrêt, fa
majefté ayant déclaré qu'elle étoit fatisfaite du travail
commencé , & n'ayant convoqué l'affemblée que pour le
continuer, on étoit autorifé à regarder comme déterminés,
les articles arrêtés au mois d'août , fi la pluralité des membres perfiftoit dans leurs opinions fur ces articles.

Cette queftion ayant été difcutée & mife en délibération ; il a été délibéré , à la pluralité des voix, que
l'affemblée perfiftoit dans les articles arrêtés au mois d'août,
& contenus dans le mémoire préfenté à fa majefté , & que
ladite commiffion s'occuperoit de la continuation du travail ,
d'après les bafes énoncées audit mémoire , & préfenteroit à

E

l'affemblée fes obfervations & fon rapport fur tous les obje ts relatifs à la conftitution , fur lefquels ladite affemblée du mois d'août n'a pas délibéré.

Il a cependant été convenu que la commiffion , en pré-fentant fous les yeux de l'affemblée les articles arrêtés au mois d'août, pourroit y joindre des développemens.

Enfuite M. le préfident a levé la féance ; & attendu le travail dont les bureaux font occupés , il a fixé la pro-chaine féance au mercredi 21 , dix heures & demie du matin.   *Signé* , le duc DE CROŸ.

DENOISEUX , fecrétaire-greffier.

SÉANCE du mercredi 21 *novembre* 1787 , *dix heures & demie du matin.*

Il a été fait lecture du procès verbal de la féance du lundi 19.

M. le duc de Croÿ a annoncé un difcours que M. le comte de la Marck défiroit prononcer.

M. le comte de la Marck a fait lecture de ce difcours, dans lequel il a obfervé de nouveau qu'il croyoit néceffaire de donner des pouvoirs plus amples à la commiffion nommée pour le travail relatif à la conftitution.

Que le roi ayant ordonné qu'on fe raffembleroit pour *déterminer avec plus de précifion les principes qui ferviront de regle aux états , & à l'effet d'examiner encore les points effentiels qu'il feroit convenable de déterminer pour la conftitu-tion defdits états ,* il n'y avoit donc rien d'arrêté ni de dé-terminé.

Qu'on ne pouvoit continuer la rédaction d'une conftitution , fans en examiner de noùveau tous les points , qu'un objet auffi effentiel pouvoit n'avoir pas été affez examiné au mois d'août.

Que l'affemblée du mois d'août , dans le premier article de fon mémoire, avoit demandé que M. le duc de Croÿ préfidât les états jufqu'à noùvel ordre du roi , & que ce terme indéfini pouvoit rendre la préfidence perpétuelle.

Que , connoiffant ce que les vertus de M. le duc de Croÿ lui méritent , il attendoit de lui-même la décifion fur cet article , qui avoit fans doute été diffé par la reconnoif-fance qu'il avoit juftement infpirée à l'affemblée.

Que n'étant pas poffible qu'il déméritât jamais , il pourroit demeurer perpétuellement préfident des états ; qu'on pourroit même l'engager un jour à propofer fon fils pour l'aider , & par conféquent lui fuccéder ; de forte que la préfidence pourroit devenir héréditaire ; ce qui feroit contraire aux intérêts du clergé & de la nobleffe.

Qu'il trouvoit dans fa propre famille un exemple de cette hérédité , puifque fon grand-pere, fon pere & fon frere avoient préfidé fucceffivement les états du Hainaut Autrichien, & que cette hérédité feroit certainement con-traire aux intentions du roi : qu'enfin, pour n'être point fufpeff, il prenoit affe dans cette affemblée, que , d'ici à vingt années , il s'excluoit de la préfidence.

Ce difcours a enfuite été mis fur le bureau , pour être remis à la commiffion chargée du travail de la conftitution.

M. le préfident a dit : Que , malgré fa reconnoiffance des fentimens de l'affemblée , il l'avoit toujours inftamment priée d'exclure toute idée de perpétuité de la préfidence ; mais que, voulant faire connoître fes intentions par

E ij

écrit, il en feroit part le lendemain à l'assemblée.

MM. l'abbé de Saint Jean, le marquis de Carondelet, & Poulliaude ont été adjoints à la commission chargée du travail de la constitution.

Ensuite M. le président a levé la séance, & a indiqué la suivante au lendemain 22, dix heures & demie du matin.

Signé, le duc DE CROŸ.

DENOISEUX, secrétaire-greffier.

SÉANCE du jeudi 22 novembre 1787, dix heures & demie du matin.

Lecture a été faite du procès verbal de la séance du mercredi 21.

M. le duc de Croÿ a dit : Qu'ayant toujours été infiniment reconnoissant des vœux exprimés par l'assemblée, & sentant vivement tout ce qu'ils avoient de flatteur pour lui, il avoit cependant obtenu des membres qui la composent, qu'ils ne demandassent la continuation de sa présidence que jusqu'à nouvel ordre du roi ; mais que, voulant écarter jusqu'à la possibilité de la perpétuité de ladite présidence & étant loin de croire posséder les vertus que M. le comte de la Marck vouloit bien lui supposer, il regardoit comme un devoir, & non comme une vertu, d'ôter tous motifs à cette discussion, afin que rien ne nuisît à la suite des travaux de l'assemblée, & que les sentimens, qu'on avoit la bonté de lui témoigner, ne pussent pas influer sur les opinions, relativement à la régénération de la présidence.

Que ces motifs lui paroiſſoient ſuffiſans pour ſe refuſer au vœu flatteur de l'aſſemblée, ſans manquer à la reconnoiſſance qu'il lui devoit ; qu'en conféquence, il ſaiſiſſoit ce moment, pour déclarer qu'il ſupplioit ſa majeſté de ne pas prolonger la durée de ſa préſidence au delà du terme de quatre années ; & que, ſi les états obtenoient du roi la permiſſion d'élire un préſident, & vouloient l'honorer de leurs ſuffrages pour la préſidence ſans interruption au delà de ce terme, il n'accepteroit pas l'honneur qu'ils voudroient bien lui faire.

Sur quoi M. le préſident a levé la ſéance, & a indiqué la ſuivante au lendemain vendredi 23, dix heures & demie du matin.

Signé, le duc DE CROŸ.

DENOISEUX, ſecrétaire-greffier.

SEANCE du vendredi 23 novembre 1787, dix heures & demie du matin.

Il a été fait lecture du procès verbal de la ſéance d'hier.

M. de Contamine a pris place à l'aſſemblée, & a été adjoint au bureau des ponts & chauſſées.

M. le préſident a levé la ſéance, & vu les travaux dont les bureaux ſont ſurchargés, il a indiqué la ſéance prochaine à lundi 26, dix heures & demie du matin.

L'aſſemblée s'eſt diſtribuée dans les bureaux.

Signé, le duc DE CROŸ.

DENOISEUX, ſecrétaire-greffier.

SÉANCE du lundi 26 novembre 1787, dix heures & demie du matin.

M. Bofquet a pris place à l'affemblée, & a été adjoint au bureau de l'impôt.

Lecture a été faite du procès verbal de la féance du vendredi 23.

La commiffion chargée de prendre en confidération l'augmentation fur les vingtiemes, a fait le rapport fuivant.

MESSIEURS.

« La commiffion chargée par vous de former un projet de
» mémoire à adreffer au confeil de fa majefté, relativement
» à l'augmentation annoncée fur les vingtiemes, a l'honneur
» de mettre fous vos yeux ledit projet. Elle a apporté la plus
» grande attention à n'y inférer que des obfervations fondées
» fur la vérité, & elle a employé tous les moyens poffibles
» pour fe procurer, dans un court efpace de temps, des ren-
» feignemens exacts pour parvenir à ce travail ».

Le mémoire lu à la fuite dudit rapport, & approuvé dans ladite féance, a été adreffé le même jour à M. le contrôleur général par M. le préfident, & il fera annexé à la fuite des procès-verbaux des féances de la préfente affemblée.

M. le préfident a levé la féance, & a indiqué la prochaine au mercredi 28, & l'affemblée s'eft divifée pour aller travailler dans les bureaux.

Signé, le duc DE CROŸ.

DENOISEUX, fecrétaire-greffier.

SÉANCE du mercredi 28 *novembre* 1787 , *dix heures &*
demie du matin.

Lecture a été faite du procès verbal de la féance du
lundi 26.

La commiffion chargée du travail relatif à la conftitution , & à laquelle a été remis le difcours lu par M. le
comte de la Marck dans la féance du 21 , a dit : Qu'elle
ne penfoit pas devoir demander une miffion plus étendue
que celle qui lui avoit été donnée dans la féance du lundi
16 de ce mois , puifque l'arrêt du confeil d'état du roi,
après avoir dit que fa majefté étoit fatisfaite du travail commencé , n'avoit pas ordonné de le recommencer , mais de
le *continuer.*

Que fa majefté n'avoit pas prefcrit de s'affocier douze
nouveaux membres , mais y avoit feulement *autorifé* l'affemblée ; de forte que l'affemblée actuelle n'étoit à cet
égard que l'affemblée confultative du mois d'août continuée,
laquelle étoit libre de perfifter ou de ne pas perfifter dans
fon opinion fur les articles à propofer à fa majefté , & de
donner à des commiffaires une miffion plus ou moins
étendue.

Que les termes de l'arrêt du confeil : *déterminer avec*
plus de précifion , fembloient indiquer la continuation du
travail fur le même plan ; qu'il reftoit encore des points
effentiels à déterminer , & par conféquent à examiner ; mais
que les articles arrêtés au mois d'août ayant été mûre-

ment difcutés, fans qu'on s'occupât alors d'autres objets, il paroiffoit plus convenable de continuer ce travail fur ce même plan, puifque fa majefté avoit témoigné fa fatisfaction des points principaux propofés.

Que, quant à l'ordre énoncé dans l'arrêt du confeil, d'examiner encore les points effentiels, &c.; il avoit été convenu, dans la féance du 19, que la commiffion, en préfentant fous les yeux de l'affemblée les articles arrêtés au mois d'août, pouvoit y joindre des développemens ; que par conféquent tous les points feroient encore examinés, de maniere que tous les membres pourroient faire leurs obfervations, & que l'affemblée prononceroit.

Que, relativement à l'article premier concernant la préfidence, il ne pouvoit pas être contraire aux intentions du roi de s'en remettre à fes ordres, & que M. le duc de Croÿ, dès la première féance de la commiffion, le mardi 20 de ce mois, avoit dit qu'il ne regardoit cet article que comme l'expreffion d'un défir flatteur pour lui, & dont l'affemblée avoit fait hommage au roi ; mais qu'il croyoit néceffaire de s'occuper de la régénération du préfident, & que même il le défiroit.

Qu'enfin, perfiftant dans le défir de le conferver pour préfident le plus long-temps qu'il feroit poffible, elle ne pouvoit que témoigner le plus vif regret de ce qu'il avoit abfolument voulu mettre un terme à l'effet de leurs vœux à cet égard.

L'affemblée a délibéré que la commiffion du réglement continueroit fon travail, comme elle le propofe.

M.

M. le préſident a levé la féance , & a indiqué la ſuivante au vendredi 30 , dix heures & demie du matin.

L'aſſemblée s'eſt diviſée pour aller travailler dans les bureaux.　　*Signé*, le duc DE CROŸ.

DENOISEUX, ſecrétaire-greffier.

SÉANCE du vendredi 30 novembre 1787, dix heures & demie du matin.

Lecture faite du procès verbal de la féance du mercredi 28 , M. le préſident a levé la féance , a indiqué la prochaine à lundi 3 décembre , dix heures & demie du matin, & l'aſſemblée s'eſt diviſée pour aller travailler dans les bureaux.

Signé, le duc DE CROŸ.

DENOISEUX , ſecrétaire-greffier.

SÉANCE du lundi 3 décembre 1787, dix heures & demie du matin.

Lecture faite du procès verbal de la féance du vendredi 30 novembre, M. le préſident a indiqué celle du lendemain à dix heures & demie du matin , & a annoncé que M. le commiſſaire du roi l'avoit prévenu qu'il s'y rendroit.

Enſuite M. le préſident a levé la féance, & l'aſſemblée s'eſt diviſée pour aller travailler dans les bureaux.

Signé , le duc DE CROŸ.

DENOISEUX, ſecrétaire-greffier.

F

SÉANCE du mardi 4 décembre 1787, *dix heures & demie du matin.*

Lecture a été faite du procès verbal de la féance du lundi 3.

M. le préfident a communiqué à l'affemblée une lettre qu'il avoit reçue ce matin de M. le contrôleur général, par laquelle ce miniftre lui mandoit, qu'ayant reçu les repréfentations de l'affemblée, il avoit vérifié avec foin les calculs d'après lefquels les vingtiemes du Hainaut pourroient être fixés, & qu'il réfultoit de ces calculs que la fomme totale de l'impofition brute préfumable s'éleveroit à 913,863 liv. 15 f. 3 d.; mais que fa majefté, voulant tenir compte à la province d'une fomme quelconque, pour raifon des décharges, modérations & non valeurs, & étant d'ailleurs difpofée à traiter le Hainaut avec la même faveur que les autres pays abonnés, il faifoit connoître à M. l'intendant les intentions du roi fur la fomme dont fa majefté vouloit bien fe contenter.

Enfuite M. le duc de Croÿ a fait lecture de la lettre qu'il venoit de recevoir de M. le commiffaire du roi, par laquelle il l'informoit que fa majefté a fixé l'abonnement des deux vingtiemes & quatre fous pour livre du premier vingtieme du Hainaut, à la fomme de 748,000 livres, à raifon de 340,000 livres par vingtieme, & que le miniftre

lui obferve que cette réduction ne pourroit être plus confidérable fans une difproportion trop marquée, à laquelle fa
majefté ne pourroit fe déterminer.

L'affemblée, défirant de concilier le zele qui l'anime,
avec les intérêts des habitans du Hainaut, que fa majefté lui
a confiés, a délibéré que M. le commiffaire du roi, devant
fe rendre aujourd'hui à l'affemblée, M. le préfident feroit
prié de lui exprimer fa reconnoiffance de la nouvelle marque
de bonté que le roi venoit d'accorder à fa dite province,
en daignant avoir égard aux très-refpectueufes repréfentations que l'affemblée a faites à fa majefté, en obfervant néanmoins qu'elle héfitoit entre la crainte d'outre-paffer les
bornes de fa compétence, & le défir de donner à fa majefté
un témoignage de fon zele & de fa reconnoiffance.

Il a été auffi délibéré que la commiffion des vingtiemes
s'affembleroit dans l'après-midi pour examiner ces objets
& en faire le rapport à la prochaine féance.

M. le préfident a propofé enfuite M. le vicomte du Buat
pour repréfenter le procureur-fyndic du corps de la nobleffe,
à la réception de M. le Commiffaire du Roi, comme à la
féance de l'ouverture de l'affemblée, & nommé MM. Mufte-
lier doyen du chapitre de Saint-Gery de Valenciennes, &
Guitau prévôt de Saint-Amand, pour aller le prévenir que
l'affemblée étoit prête à le recevoir. Lefdits députés étant de
retour, & M. le commiffaire du roi étant annoncé, MM.
le vicomte du Buat & Blondel procureur-fyndic, ont été
députés pour aller le recevoir dans le veftibule du cloître,
& MM. l'abbé d'Hafnon, le baron de Nedonchel, de Pujol

prévôt de la ville de Valenciennes , & Rouffeau de Launois ont été le recevoir au milieu dudit cloître.

M. le commiffaire du roi en robe de cérémonie du confeil & précédé de fes hoquetons , eft entré accompagné
defdits députés , a falué l'affemblée , dont les membres ,
autres que ceux formant la députation , étoient à leurs
places , debout & découverts , s'eft affis , & a dit : Que
le roi étendant également fa follicitude paternelle fur
tous fes fujets , & fingulierement occupé du foulagement
de la claffe malheureufe & fouffrante , l'avoit chargé de
remettre à l'affemblée diverfes inftructions relatives à
l'agriculture & au bien public. Ces inftructions ont été dépo-
fées fur le bureau.

M. le duc de Croÿ a prié M. le commiffaire du roi de
vouloir bien faire parvenir au roi , au nom de l'affemblée ,
l'expreffion de fa fenfibilité pour les marques conftantes de
la follicitude paternelle de fa majefté , laquelle ne néglige
aucun des moyens qui peuvent concourir au bien de fes
fujets , & l'a affuré que l'affemblée s'occuperoit avec zele
de l'exécution de fes vues bienfaifantes.

M. le préfident a dit auffi à M. le commiffaire du roi ,
qu'il venoit de faire part à l'affemblée des difpofitions con-
ténues dans fa lettre & dans celle de M. le contrôleur général ; que tous les membres qui la compofent , touchés des
nouvelles marques de bonté & de juftice que fa majefté
venoit de donner d'après une nouvelle vérification des
calculs qui ont fervi de bafe à la fixation des vingtiemes ,

avoient été prêts à n'écouter que les premiers mouvemens
de leur zele pour les befoins de l'état & de leur reconnoiffance pour le bienfait du rétabliffement des états, en offrant
fur le champ un abonnement pour la fomme demandée par
fa majefté ; qu'ils fe feroient même livrés fans réferve à ces
fentimens , fi la contribution n'intéreffoit qu'eux perfonnel-
lement ; mais que n'ayant encore qu'uue exiftence provifoire, & leur compétence ne devant être déterminée que
lors de la convocation defdits états , peu inftruits des
véritables facultés des contribuables, chargés d'une miffion
importante par un monarque jufte , qui défaprouveroit
fans doute un zele imprudent, ils avoient cru devoir prendre le temps néceffaire pour délibérer fur un fujet fi important ; qu'il fembloit que le confeil de fa majefté fuppofoit une augmentation de près d'un quart dans le produit des terres du Hainaut depuis 1756, & la poffibilité d'une autre augmentation proportionnée à celle réful-
tante des diverfes vérifications des vingtiemes dans les
autres provinces ; mais que l'augmentation du produit des
terres, depuis 1756, en Hainaut, fembloit avoir été réellement beaucoup moindre , & que celle qui pourroit réfulter des vérifications, ne pourroit s'élever auffi haut qu'on le
fuppofoit, parce que les vérifications avoient été anciennement faites avec beaucoup de rigueur dans le Hainaut, & que
l'abonnement avoit déjà été fucceffivement augmenté depuis
ce temps; enfin, que l'augmentation demandée étoit prefque de moitié en fus de l'abonnement actuel ; qu'à la vérité ,
en déduifant la contribution à efpérer des nouveaux biens
impofables , cette augmentation n'étoit que d'environ un

tiers en fus ; mais qu'on avoit lieu de craindre qu'elle ne fût encore plus forte que les contribuables ne pourroient la fupporter. M. le préfident a terminé en difant à M. le commiffaire du roi, que l'affemblée venoit de confier à une commiffion l'examen de cet objet ; que le rapport en feroit fait, & la délibération prife fans délai ; qu'elle feroit remife à M. le commiffaire du roi, avec d'autant plus de confiance, que l'affemblée ne pouvoit pas douter qu'elle ne lui eût l'obligation de la vérification des bafes & des calculs d'après lefquels la demande avoit été premierement réduite à 913,000 liv., & enfuite modérée à 748,000 l.

Enfuite M. le commiffaire du roi s'étant levé, & ayant falué l'affemblée, a été reconduit avec les mêmes honneurs par les mêmes députés.

Lefdits députés étant rentrés, & ayant repris leurs places, les commiffaires chargés du travail de la conftitution ont pris le bureau, & ont fait le rapport fuivant.

MESSIEURS,

« La commiffion que vous avez chargée de l'examen des » objets relatifs à la continuation du travail que vous avez » commencé dans vos féances du mois d'août dernier, con-» cernant l'établiffement des états, ayant mûrement examiné » le mémoire que vous avez annexé au procès verbal defdites » féances, va remettre fous vos yeux les articles de ce mé-» moire, en joignant à chacun d'eux quelques développemens » & une courte expofition des motifs qui ont alors déterminé » votre opinion ».

ARTICLE PREMIER.

Les états de la province du Hainaut & parties réunies feroient convoqués tous les ans ; ils feroient compofés de repréfentans des trois ordres , du clergé , de la nobleffe , & du tiers-état , & préfidés par le duc de Croÿ , jufqu'à nouvel ordre de fa majefté.

« L'affemblée du Hainaut étant chargée , par le réglement du 12 juillet dernier, de propofer un régime qui pût convenir à fes anciens ufages ; fans nuire aux intentions de fa majefté , & défirant de conferver M. le duc de Croÿ pour préfident le plus long-temps qu'il feroit poffible , elle avoit cru concilier les intentions du roi avec les anciens ufages du pays , en foumettant cet objet à la volonté du fouverain; mais M. le duc de Croÿ ayant déclaré qu'il fupplioit fa majefté de ne pas prolonger la durée de fa préfidence au delà du terme de quatre années , & que fi le roi s'en remettoit à cet égard aux fuffrages de ladite affemblée , & que ces fuffrages lui fuffent favorables , il n'accepteroit pas la préfidence fans interruption au delà de ce terme ; il nous femble , Meffieurs , qu'en perfiftant dans le premier article de votre mémoire , nous pourrons vous propofer à l'article VII de traiter de ce qui concerne la régénération du préfident & des autres membres ».

ART. II.

Les trois ordres délibéreroient enfemble , & les opinions feroient recueillies par

« Cette difpofition qui eft femblable à celle des affemblées provinciales , eft con-

tête, conformément aux inten-
tions de sa majesté ; en con-
féquence le nombre des mem-
bres affiftans auxdits états
feroit fixé de maniere que le
nombre des membres du tiers-
état feroit égal au nombre des
membres du clergé & de la
nobleffe réunis.

forme aux intentions du roi,
manifeftées dans fon édit du
mois de juin portant créa-
tion d'affemblées provinciales. Sa majefté a vraifembla-
blement penfé qu'elle étoit
plus avantageufe que l'ufage
d'opiner par ordre , en ce
qu'elle pourroit réunir plus
de lumieres enfemble pour la
difcuffion des objets , prévenir la divifion d'intérêts des
différens ordres , & établir plus d'union dans l'affemblée.

« La fixation du nombre des membres de chaque ordre
eft néceffaire, dès que les opinions font comptées par tête ,
afin qu'un ordre ne puiffe pas l'emporter fur l'autre par le
nombre des voix »,

ART. II.

Conformément à la confti-
tution & aux anciens ufages
fuivis & pratiqués en Hainaut,
le clergé feroit repréfenté par
les abbés , chapitres, & collé-
giales , & par les doyens de
chrétienté ou doyens ruraux.

La nobleffe feroit repréfen-
tée par les gentilshommes pof-
fédant une terre à clocher, &
pouvant faire les preuves ufi-

« Cet article , Meffieurs,
eft puifé dans les anciens
ufages ; il ne contient rien
de nouveau que la fixation
du nombre dont il a été parlé
à l'article précédent & l'admiffion des propriétaires de
campagne ; mais cette admiffion eft conforme aux intentions du roi , & elle vous a
paru effentielle, parce que,
tées

tées pour cet objet en ladite province.

Le tiers-état le feroit par les députés ou repréfentans des villes, & il y feroit adjoint des propriétaires de campagne.

Le nombre des députés ou repréfentans qui pourroient affifter à chaque tenue d'états feroit fixé, ainfi qu'il fera dit dans les articles fuivans.

fans elle, les états feroient toujours privés des lumieres d'une claffe de citoyens recommandables, qui, n'étant pas officiers municipaux, ne pourroient jamais y être admis ».

Art. IV.

Concernant le clergé.

Conformément à la conftitution effentielle du Hainaut, tous les abbés réguliers feroient membres des états & infcrits fur le tableau ; les abbés de Saint-Amand & de Château, qui étoient anciennement du Tournaifis, & font actuellement réunis à généralité du Hainaut, feroient compris dans ce nombre.

Les abbés ne pourroient pas fe faire repréfenter, en cas d'abfence ; mais conformément à l'ancien ufage, en

» Le droit de MM. les abbés prélats de cette province eft établi, Meffieurs, par les anciens ufages du Hainaut; celui des collégiales l'eft pareillement ; vous avez concilié les anciens ufages avec la réfolution de fixer le nombre des membres affiftans à chaque tenue, en propofant que chaque abbé régulier, étant membre né des états, il n'en affifteroit que cinq à chaque tenue ; il vous reftera à délibérer ci-après, fi vous pro-

G

(50)

cas de vacance de la croſſe, ou en cas que l'abbaye fût poſſé-dée par un cardinal, le grand-prieur pourroit être membre des états ; il n'aſſiſteroit que cinq abbés à chaque tenue d'états.

Les chapitres des chanoineſ-ſes de Maubeuge & de Denain auroient chacun un repréſen-tant nommé par leſdites cha-noineſſes.

Les collégiales de Condé, de S. Géry de Valenciennes, de S. Quentin de Maubeuge & d'Aveſnes, ſeroient eſſentiel-lement membres des états, comme elles l'ont toujours été ; celles de Saint-Gery & de Condé enverroient chacune un député ; celles d'Aveſnes & de Saint-Quentin de Maubeuge ſeroient également, chacune en particulier, membres deſdits états, mais elles n'enverroient qu'un député entre elles deux.

Il aſſiſteroit à chaque tenue d'états un doyen de chrétienté de la province.

poſerez que cette aſſiſtance ſoit déterminée par élection, ou par alternative ; & nous penſons que cette queſtion pourroit être diſcutée, lorſ-que nous aurons l'honneur de vous propoſer des réflexions ſur la première convocation & ſur la régénération.

» Il convient d'ajouter à l'article portant qu'il n'aſſiſ-teroit que cinq abbés, ces mots, ou grands-prieurs.

» Vous avez fait, Meſ-ſieurs, une différence entre les abbés & les chapitres, & vous y avez été déterminés par l'obſervation que vous avez faite, qu'à l'égard des ab-bayes, le droit appartient à la croſſe, & réſide par conſé-quent dans une ſeule per-ſonne ; au lieu qu'à l'égard des chapitres, le droit ap-partient collectivement à tous leurs membres ; de ſorte que les députés des chapi-tres peuvent être renouve-lés & choiſis ſur un grand nombre de perſonnes.

» Vous avez auffi fait une différence entre les chapitres de Saint-Géry de Valenciennes , celui de Condé, & ceux de Saint-Quentin de Maubeuge & d'Avefnes. Vous y avez été déterminés par la confidération de la modicité des re-venus de ces deux derniers chapitres, & par le défir de diminuer les frais de députation qui feroient à leur charge; il y a à cet égard des réclamations de leur part , & vous voudrez bien en juger. Nous penfons que le mémoire de M. l'abbé Gobled , que nous avons examiné, ne doit rien changer à votre délibération fur ce point, puifque les mêmes motifs qui l'ont dicté exiftent.

» Vous avez propofé qu'il fût admis des repréfentans des chapitres des chanoineffes de Maubeuge & de Denain. L'il-luftration & l'importance de ces chapitres vous y a dé-cidé, & des tableaux & documens qui vous ont été pré-fentés au mois d'août , vous ont fait penfer que cela s'étoit anciennement pratiqué ainfi ; mais il eft de notre devoir de vous rendre compte que de nouveaux renfeignemens , pris avec plus de foin , nous ont appris que ces chapitres ne députoient pas ci-devant aux états du Hainaut : cependant il eft à obferver qu'ils font vraiment des corps eccléfiafti-ques , puifqu'à l'exception des vœux , ils en ont tous les attributs. Les chanoineffes menent une vie eccléfiaftique , & en rempliffent les exercices ; elles ont une abbeffe & des dignitaires. Leurs biens font des biens de main-morte ; leurs dixmes font eccléfiaftiques ; elles ont des droits de curés pri-mitifs, & font collateurs eccléfiaftiques de beaucoup de cures ; enfin elles acquittent toutes les charges du clergé. L'importance de leurs propriétés & le luftre de leur nobleffe méritent auffi la plus grande confidération.

G ij

» Les doyens de chrétienté affiftoient tous autrefois aux états , & ils affiftent encore tous à ceux de Mons. Vous avez jugé convenable , Meffieurs, de leur conferver leurs droits ; mais pour ne pas éloigner pendant long-temps des curés de leurs fonctions paftorales , & ne pas les expofer à des frais multipliés , vous avez cru fuffifant qu'un d'entre eux affiftât aux états ».

ART. V.

Concernant la nobleffe.

Conformément à la conftitution du Hainaut , tous les gentilshommes , feigneurs de térres à clocher , & pouvant faire les preuves d'ufage en cette province , ou ayant été nommés par fa majefté ,feroient membres des états , pourroient s'y faire recevoir , & feroient infcrits fur un tableau à ce deftiné ; mais il n'en affifteroit que onze à chaque tenue.

Les enfans de ceux qui auroient affifté , foit à la premiere , foit aux fubféquentes tenues , n'auroient d'autres preuves à faire que celle de leur filiation.

« La premiere partie de cet article , Meffieurs , eft fimple & conforme à la conftitution & aux anciens ufages de cette province ; il nous femble que vous avez été d'avis d'admettre auffi aux états , comme en Artois , les gentilshommes qui ne poffedent une terre à clocher que du chef de leurs femmes, & nous croyons pouvoir vous propofer d'y ajouter , que les gentilshommes ne pourront pas affifter aux états avant l'âge de vingt-cinq ans. Cette difpofition , relative à l'âge, pourroit être adoptée pour tous les ordres,

» Quant à la fixàtiòn du nombre, elle eft une fuite de celle adoptée pour le clergé. ✦

» D'après l'énoncé des preuves d'ufage en cette province, nous avons obfervé, Meffieurs, qu'elles ont varié à plufieurs époques, & nous penfons que vous pourriez propofer à fa majefté de régler provifoirement que lefdites preuves fuffent fixées à fix générations de nobleffe, non compris le préfenté, & au moins deux meres nobles dans le nombre defdites générations.

» La feconde partie de cet article vous paroîtra fans doute auffi jufte qu'elle vous a paru l'être au mois d'août. Les membres que fa majefté avoit dénommés ne doivent pas être affujettis à un réglement qui, n'étant fait que poftérieurement à leur convocation, ne doit pas avoir un effet rétroactif, & il nous femble que c'eft un ufage général que les defcendans d'un membre de la nobleffe, admis dans les états, n'ont d'autres preuves à faire que celle de leur filiation. Nous penfons donc que cette difpofition peut fubfifter telle qu'elle eft ».

Art. VI.

Concernant le tiers-état.

Conformément à la conftitution effentielle du Hainaut, les municipalités continueroient d'exifter dans l'état où elles font aujourd'hui, & comme elles ont toujours exifté.

« La plus grande partie de cet article, Meffieurs, ne paroît fufceptible d'aucun développement. Nous devons feulement vous obferver qu'étant inftruits que le Ma-

La ville de *Valenciennes* auroit deux députés ou repréfentans aux états ; *les villes de Maubeuge*, Condé, *Bouchain le Quefnoy*, Avefnes, *Bavay*, & Landrecies auroient chacune un député ou repréfentant.

La ville de Saint-Amand feroit membre des états du Hainaut, & y auroit pareillement un député ou repréfentant.

La ville de *Givet* feroit pareillement membre des états du Hainaut, & y auroit un député ou repréfentant.

Les villes de *Philippeville* & Mariembourg feroient de même membres defdits états, ainfi que celles de Fumay & Revin ; mais celles de Philippeville & Mariembourg n'auroient qu'un député ou repréfentant entre elles deux, & celles de Fumay & Revin n'en auroient pareillement qu'un, foit par alternative, ou autrement à leur choix ; il feroit nommé neuf propriétaires de campagne pour affifter à chaque tenue d'états.

giftrat de la ville de Valenciennes a fait des repréfentations relativement à fa réunion aux états du Hainaut. L'admiffion des deux députés de cette ville, propofée en cet article, ne peut avoir lieu qu'autant que cette réunion fera effectuée, & nous aurons l'honneur de vous expofer cette queftion plus en détail ci-après.

« Nous avons auffi celui de vous propofer d'admettre un député de la ville de Mortagne, & dans ce cas, il pourroit n'être admis que huit propriétaires de campagne, pour ne pas excéder le nombre fixé pour le tiers-état. L'admiffion de ces propriétaires de campagne eft conforme aux intentions de fa majefté, & nous avons déjà eu l'honneur de vous, parler des avantages de cette convocation ».

ART. VII.

Les abbés, députés des collégiales, doyen de chrétienté, gentilshommes députés ou représentans des villes, & propriétaires de campagne, mentionnés aux articles précédens, seroient nommés cette fois-ci par le roi, ou par l'assemblée.

Les états demeureroient composés pendant quatre années, comme ils le seront à la premiere tenue, & sa majesté se réserveroit à statuer sur le renouvellement & remplacement des membres jusqu'à ce qu'elle ait reçu les observations desdits états.

Elle seroit seulement suppliée d'autoriser lesdits états à remplacer provisoirement les membres qui viendroient à mourir ou à se retirer pendant lesdites quatre années, en observant de les choisir dans la même classe.

« Nous avons cru, Messieurs, devoir vous parler en même temps des articles VII & IX, parce qu'ils ont une grande liaison entre eux. Par l'article VII, vous aviez proposé une forme provisoire pour la premiere convocation qui devoit avoir lieu dans les mois de septembre & d'octobre derniers. Le roi a jugé à propos de différer ladite premiere convocation. Vous êtes autorisés à perfectionner votre ouvrage; le terme de ce que vous aviez proposé est expiré, & il nous semble que nous pourrons vous proposer une forme qui ne soit plus provisoire, & qui soit puisée dans la constitution de cette province, de maniere à se concilier avec les points que vous avez arrêtés d'après les intentions du roi ».

ART. IX.

Sa majeſté déciderot ſi elle veut que les vingt-quatre perſonnes compoſant la préſente affemblée ; ſavoir, les dix-huit nommées par elle en conſéquence de ſon réglement du 12 juillet dernier, & les ſix nommées en conſéquence dudit régleglement par leſdites dix-huit perſonnes, nomment les vingt autres membres pour compléter le nombre de quarante-quatre dans les proportions établies par les articles précédens, ou bien, ſi elle juge à-propos de nommer elle-même leſdites vingt perſonnes dans leſdites proportions.

Si ſa majeſté permet aux vingt-quatre perſonnes, compoſant la préſente affemblée, de nommer les vingt autres, ainſi qu'il vient d'être dit, elles s'affembleroient le 10 ſeptembre prochain pour nommer leſdites vingt perſonnes. Elles nommeroient en même temps

» Le roi feroit ſupplié, 1°. de convoquer tous les abbés ou grands prieurs réguliers pour le jour qui feroit indiqué pour l'ouverture des états.

» 2°. D'adreſſer aux chapitres & collégiales des lettres par leſquelles il leur feroit mandé d'envoyer ledit jour celui de leurs membres qui a déjà été nommé par le roi en lui donnant leurs inſtructions & procurations.

» 3°. De mander aux chapitres de chanoineſſes de ſe nommer un repréſentant pour ledit jour.

» 4°. De convoquer tous les doyens de chrétienté.

» 5°. De convoquer tous les gentilshommes dont il permettroit qu'il lui fût envoyé une liſte, laquelle feroit faite ſans préjudice à ceux qui pourroient avoir été oubliés, & feroient tou-

une

une commiffion intermédiaire compofée de deux députés du clergé, de deux députés de la noblesse, & de quatre députés du tiers-état.

Et quant aux officiers de l'adminiftration, il ne feroit nommé à cette premiere affemblée qu'un confeiller-penfionnaire faifant les fonctions de procureur-fyndic, & un fecrétaire-archivifte ou greffier.

jours admis à faire valoir leurs droits & leurs titres pour les convocations fubféquentes.

« 6°. De mander à chacune des municipalités des villes qui ont déjà eu de leurs membres dans cette affemblée, de les envoyer ledit jour, munis de leurs procurations & de leurs inftructions.

» 7°. De convoquer pareillement les propriétaires de campagne qui font déjà parmi vous.

» Quant aux corps ou perfonnes eccléfiaftiques ou laïques dont il n'auroit pas été fait mention dans vos propofitions, cette omiffion ne pourroit préjudicier à leurs droits, lefquels feroient réfervés.

» Les états ainfi formés & affemblés dans leur intégrité, les commiffaires du roi en feroient l'ouverture, & notifieroient les intentions de fa majefté ; ils enjoindroient aux abbés de donner leurs pouvoirs & inftructions aux cinq d'entre eux qui font déjà nommés.

» Les députés des collégiales & chapitres, & des villes, étant dès lors munis des pouvoirs de leurs corps, il n'y auroit aucune difpofition à faire à leur égard ; mais les commiffaires de fa majefté enjoindroient aux doyens de chrétienté d'élire un d'entre eux, & de le munir de leurs procurations & inftructions.

H

» Ils enjoindroient pareillement aux gentilshommes qui auroient été convoqués, & feroient préfens, d'élire ceux d'entre eux qu'il faudroit ajouter pour parvenir au nombre fixé, & de les munir, ainfi que ceux déjà nommés, de leurs procurations & inftructions.

» Vous venez de voir, Meffieurs, que les états auroient été convoqués dans leur intégrité. Cette premiere convocation feroit le premier degré des états, & cette affemblée ne dureroit qu'un jour.

» Enfuite commenceroit le fecond degré des états, lequel feroit l'affemblée compofée des adminiftrateurs, munis des pouvoirs de leurs pairs, ainfi qu'il vient d'être dit, & fa majefté feroit fuppliée d'annoncer qu'à l'avenir le renouvellement des abbés, députés des chapitres, & gentilshommes, fe feroit par un choix libre de la part de leurs corps.

» Ce fecond degré ainfi établi, l'affemblée entiere de ces adminiftrateurs éliroit les propriétaires de campagne, qu'il faudroit ajouter à ceux qui fiégent déjà dans cette affemblée, pour les porter au nombre fixé.

» Cette affemblée d'adminiftrateurs continueroit fes féances pendant le temps qui feroit fixé par fa majefté, & qui feroit jugé néceffaire, felon les circonftances, avant de fe féparer, cette affemblée nommeroit des députés ordinaires qui compoferoient la commiffion intermédiaire, & ce feroit le troifieme degré des états qui exifteroit pendant tout l'intervalle d'une tenue à l'autre.

» Vous jugerez, Meffieurs, fi ladite affemblée pourroit être autorifée à remplacer, par intérim, & pour le temps de fes féances feulement, les membres, qui, fans être morts ou fans s'être retirés, fe trouveroient, pour caufe légitime, dans l'impoffibilité de fe rendre, pour cette fois, à l'affemblée.

» Conformément à l'article 7 de votre mémoire, le roi feroit fupplié de permettre que l'affemblée des adminiftra- teurs demeurât la même pendant quatre années ; mais de convoquer tous les ans l'affemblée pléniere dont il vient d'être parlé, pour remplacer, par des élections libres, les membres qui feroient morts, ou fe feroient retirés depuis la précédente tenue des états.

» Les chapitres & les municipalités remplaceroient pa- reillement leurs députés, en cas de mort ou de retraite ».

» Enfin, Meffieurs, nous avons l'honneur de vous pro- pofer de fupplier fa majefté de régler, qu'à la clôture de la quatrieme tenue des états, il foit renouvelé deux abbés, deux députés des chapitres, trois gentilshommes, quatre députés des villes, & deux propriétaires de campagne ».

» Mais vous trouverez peut-être à propos, Meffieurs, de fupplier le roi de régler que, s'il s'étoit naturellement opéré des renouvellemens pendant lefdites quatre années, il ne fût procédé qu'à celui qui feroit néceffaire pour parvenir au nombre qui vient d'être indiqué, & de maniere, qu'à moins de mort ou de retraite, chaque adminiftrateur eût été au moins quatre ans en exercice. Cette précaution nous a paru néceffaire pour éviter un renouvellement trop fréquent, qui feroit nuifible à la confervation des connoif- fances & lumieres acquifes dans l'affemblée defdits admi- niftrateurs.

» La même difpofition auroit lieu à la clôture de la cinquieme, fixieme, & feptieme année.

» On tireroit au fort ceux qui devroient fe retirer, en conféquence de cette difpofition , & dans la fuite on procéderoit tous les ans au renouvellement de tous ceux d'entre
les adminiftrateurs qui auroient été quatre ans en exercice ;
mais les députés des chapitres & des villes pourroient être
continués autant de fois qu'ils obtiendroient de nouveaux
fuffrages de leurs corps. Il eft cependant à propos d'obferver
que lefdits officiers municipaux cefferoient d'être membres
de ladite affemblée, dès qu'ils cefferoient d'être pourvus
de leurs emplois.

» Les abbés réguliers, fiégeans felon le rang de leurs
abbayes : ils paroiffent préférer que les premiers fe retirent
les premiers, puis un chaque année, jufqu'à ce que tous
cinq foient retirés , pour recommencer dans le même
ordre.

» Les gentilshommes tirant au fort, comme il vient
d'être dit , à moins que le renouvellement naturel ne fe
fût opéré , comme nous avons eu l'honneur de vous l'obferver : ils propofent de régler, qu'après la feptieme année,
aucun gentilhomme qui auroit été quatre ans adminiftrateur, ne pourroit être élu de nouveau qu'après un intervalle
d'un an ».

» La même difpofition auroit lieu à l'égard du préfident,
dont il fera parlé ci-après , & auffi à l'égard des propriétaires
de campagne ; mais le préfident pourroit être élu adminiftrateur auffi-tôt après la fin de fa préfidence ».

» La défignation des adminiftrateurs fortans, & l'élection
des nouveaux fe feroit toujours à l'avenir lors de l'ouverture
des états pour l'année fuivante.

» Le roi feroit fupplié de permettre aux états, lorfque
M. le duc de Croÿ ceffera de les préfider, d'élire un préfident, choifi indiftinctement parmi les membres du clergé
& de la nobleffe, infcrits fur le tableau defdits états.

» Pour cet effet, la quatrieme année que le préfident
feroit en exercice, le jour de l'ouverture des états, tous
les membres defdits états ajouteroient aux pouvoirs qu'ils
donneroient annuellement aux adminiftrateurs nommés par
eux, celui d'élire un préfident pour les quatre années fui-
vantes, & il feroit procédé à cette élection dès les premieres féances de l'affemblée defdits adminiftrateurs.

» Sa majefté feroit auffi fuppliée de régler que le préfident ne fût pas compté dans le nombre des adminiftrateurs
de l'ordre duquel il feroit tiré.

» Les places ou féances des commiffaires du roi & du
préfident, dans la falle des états, pourroient être réglées,
comme aux états de Cambrai.

» Le rang des abbayes, qui ont toujours fait partie du
Hainaut, eft réglé entre elles de la maniere fuivante ;
Hafnon, Haulmont, Lieffies, Maroilles, Crépin, Wicoigne,
Saint-Jean, Saint-Saulve; enfuite viendroient l'abbaye de
Saint-Amand, & puis celle de Château, comme étant nou-
vellement admifes aux états du Hainaut; les grands-prieurs
ne fiégeroient qu'après les abbés; mais ils obferveroient
entre eux le rang de leurs abbayes.

» Les députés des chapitres de Saint-Géry de Valenciennes, de Condé, de Saint-Quentin de Maubeuge &
d'Avefnes prendroient rang après les abbés & grands-
prieurs; mais quand un prévôt ou doyen feroit député de

fon chapitre , il auroit la préféancè fur les députés qui ne feroient que chanoines.

» Les doyens de chrétienté fiégeroient après les députés des collégiales , & obferveroient l'ufage établi pour le rang entre eux.

» Les repréfentans des chapitres de chanoineffes de Maubeuge & de Denain fiégeroient enfuite.

» Les gentilshommes prendroient féance entre eux , fuivant la date de leurs infcriptions fur le tableau ; & en cas qu'il y en eût plufieurs infcrits du même jour , ils prendroient féance entre eux , fuivant leur âge.

» Quant aux rangs des villes , celle de Valenciennes auroit le premier rang , fi elle eft réunie aux états du Hainaut ; puis celles de Maubeuge , Condé , le Quefnoy , Avefnes , Bouchain, Landrecies , & Bavay , lefquelles font de l'ancien Hainaut ; enfuite viendroient celles de Saint-Amand & Mortagne , qui étoient du Tournaifis , & puis celles de Givet , Philippeville , Mariembourg , Fumay , & Revin.

» Les propriétaires de campagne obferveroient pour leurs féances leur rang de réception & d'âge entre eux.

Quant à la commiffion intermédiaire , il nous femble , Meffieurs , que , vu la multiplicité des affaires dans le commencement de l'établiffement des états , le nombre de huit députés , que vous avez propofé par ledit article 9 , pour compofer la commiffion intermédiaire , ne fera pas trop confidérable , & les états pourront juger par la fuite s'il feroit fufceptible de réduction.

» Les états pourroient auffi donner à leur procureur-

syndic le titre de conseiller-pensionnaire , & conserver un secrétaire-archiviste & greffier , ainsi que vous l'avez proposé audit article.

Art. VIII.

La fixation du nombre des membres de chaque ordre , exigeant une résidence exacte de la part de chacun d'eux pendant la tenue des états , toutes les actions , instances & procédures en matieres ci-

» La demande contenue en cet article paroît fondée sur des motifs justes , & on ne peut qu'attendre la décision de sa majesté à cet égard ».

viles, demeureroient sursises dans tous les tribunaux en faveur des membres de l'assemblée , pendant sa durée , quinzaine avant son ouverture , & quinzaine après sa clôture , sans qu'on puisse pendant ce temps faire contre eux aucune poursuite , sous peine de nullité & de dommages & intérêts , à moins qu'ils ne se fussent désistés formellement de leur privilége ; & les membres ecclésiastiques jouiroient pendant ce temps de tous droits de préséance à leurs corps.

Art. IX.

Il a été rapporté à l'article 7.

» Nous en avons parlé en même temps que de l'article 7 ».

Art. X.

Ladite assemblée remettroit

» Cet article étoit relatif

à ladite commiſſion intermé-diaire une inſtruction des ob-jets dont elle auroit à s'oc-cuper, pour en faire le rap-port aux états, qui feroient aſſemblés au mois d'octobre. à l'aſſemblée qui étoit pro-poſée, & n'a pas eu lieu ; il feroit convenable que tous les ans avant leur clôture, les états remiſſent à la com-miſſion intermédiaire une inſtruction ſur les objets dont elle aura à s'occuper juſqu'à la tenue ſuivante ».

Art. XI, XII, XIII, XIV & XV.

» Ces articles, Meſſieurs, concernent les fonctions & attributions des états, & nous aurons l'honneur de vous faire un rapport à ce ſujet dans une autre ſéance.

» Nous avons déjà eu l'honneur de vous dire, Meſſieurs, que nous vous expoſerions plus en détail la queſtion relative à la ville de Valenciennes.

» Les deux membres du magiſtrat de cette ville, qui ſiégent parmi vous, n'ayant pas reçu à cet égard d'inſtruc-tions de la part de leur corps, ont cru ne pouvoir même propoſer leur opinion particuliere ſur ce qui peut intéreſſer cette ville ; ils ſe ſont bornés à nous obſerver qu'il paroiſſoit que le vœu de leur adminiſtration étoit de ne point s'unir à l'aſſemblée des états du Hainaut. Nous ne pouvons, Meſ-ſieurs, mettre ſous vos yeux que le réſultat des renſei-gnemens que nous avons cherché à prendre le mieux qu'il nous a été poſſible à ce ſujet.

» Il paroît que la ville de Valenciennes a formé autre-fois

fois un comté particulier , fucceffivement poffédé par les comtes de Valenciénnes & du Hainaut.

» On voit par des documens que cette ville a joui très-anciennement du privilége flatteur d'offrir librement un tribut volontaire à fes fouverains , & elle en jouit encore à l'égard de l'aide ordinaire ; mais elle eft foumife aux autres impofitions , dont elle acquitte une partie par des contributions réelles & perfonnelles , & l'autre partie par le moyen de fes revenus.

» Cette ville a joui auffi de l'avantage de députer aux états généraux des Pays-Bas ; elle députoit auffi aux états du Hainaut à Mons ; mais on voit dans l'hiftoire de cette ville que ces députés n'y délibéroient pas , & n'y affiftoient que pour être inftruits de ce qui pouvoit s'y paffer concernant les intérêts de leur ville.

» Cependant la ville contribuoit , pour fa part , aux charges de la province : cette part étoit d'un fixieme ; & il nous a paru qu'elle n'avoit jamais cherché qu'à faire diminuer la quotité de cette contribution. Il y a eu un procès, relativement à ce genre de connexion entre elle & les états ; ce procès a duré très-long-temps , & la féparation de la province en a empêché la décifion.

» Les articles III , IV , VII & XX de la capitulation de la ville de Valenciennes , affurent aux magiftrats de cette ville & à fes habitans la confervation de leurs priviléges ; mais il nous femble que fa réunion aux états du Hainaut pourroit ne pas nuire auxdits priviléges , & être utile aux habitans de cette ville.

» Si cette réunion ne s'opere pas , il nous paroît , Meffieurs , que les deux députés ou repréfentans du magiftrat

I

de cette ville ne pourroient pas être admis aux états, & nous pensons aussi que, dans ce cas, les états ne devroient pas se tenir dans la ville de Valenciennes.

» Si au contraire la réunion s'opere, voici la forme que nous croyons qu'on pourroit proposer pour concilier les intérêts respectifs : le magistrat de Valenciennes assisteroit en corps à chaque ouverture des états ; il y recevroit la notification des intentions du roi, faite par les commissaires de sa majesté, qui lui feroient en particulier la demande de l'aide ordinaire, & il recevroit, collectivement avec les autres membres des états, les demandes relatives aux autres impositions.

» Pendant que chaque ordre procéderoit à l'élection des administrateurs, le magistrat de Valenciennes se retireroit en l'hôtel de ville, où il délibéreroit, comme il est d'usage, sur la demande de l'aide ordinaire ; il enverroit ensuite deux députés faire part aux états de cette délibération.

» Lesdits deux députés prendroient séance les premiers dans le tiers-état, & délibéreroient avec le surplus des administrateurs sur tous les autres objets.

» Il nous semble, Messieurs, que, par ce moyen, le magistrat de Valenciennes conserveroit en entier le droit de recevoir en particulier la demande de l'aide ordinaire, & de délibérer de même sur cette demande, & qu'il jouiroit de plus de l'avantage de délibérer par l'organe de ses députés, collectivement avec les états, sur tous les autres objets.

» Le magistrat conserveroit, comme les autres municipalités, la répartition des impositions réelles & personnelles, & nous n'avons pas l'honneur de vous proposer de changement fur l'adminiftration des revenus de cette ville, laquelle eft foumife à des réglemens qui confervent toute leur force, tant que fa majefté ne les change ».

Le rapport fini, l'affemblée, en approuvant la partie de ce rapport, qui eft relatif à la ville de Valenciennes, a délibéré de prier M. le préfident d'adreffer à l'adminiftration de ladite ville un extrait, tant dudit rapport, en ce qui la concerne, que du préfent article du procès verbal, afin de faire connoître à ladite adminiftration quels font les moyens propofés par la commiffion pour la confervation de fes droits & privilèges.

Il a été obfervé, qu'en accordant un repréfentant à chacun des chapitres de chanoineffes de Maubeuge & de Denain, c'étoit les traiter beaucoup plus favorablement que les abbayes d'hommes de la province.

L'objet a été mis en délibération, & il a été délibéré que les deux chapitres enverroient chacun un repréfentant à l'ouverture des états, mais qu'il n'en refteroit qu'un pour adminiftrateur; que le repréfentant du chapitre de Maubeuge commenceroit, & que celui du chapitre de Denain le remplaceroit après les quatre premieres années révolues; ce qui fe continueroit toujours alternativement pour le même terme.

La même délibération a été prife pour les chapitres d'hommes de Saint-Quentin de Maubeuge & de Saint-Nicolas d'Avefnes.

Il a été auffi délibéré qu'il feroit admis deux doyens de chrétienté au nombre des adminiftrateurs.

M. de Pujol, prévôt de la ville de Valenciennes, a observé que le préſident des états ne faiſant pas nombre dans l'ordre dont il ſeroit membre, il en réſulteroit une ſupériorité de voix ſur le tiers-état ; ce qui ne paroiſſoit pas conforme aux intentions de ſa majeſté.

Il a été répondu, 1°. que, dans les conſtitutions d'états, chaque ordre étoit compté pour un tiers ; 2°. que l'augmentation d'influence que cette prérogative paroiſſoit donner à l'ordre du clergé, ou à celui de la nobleſſe, ſeroit d'autant moins ſenſible, que le préſident ayant la voix prépondérante, en cas de partage, cela ne produiroit réellement que le même effet ; que d'ailleurs le préſident étant élu par les trois ordres, il ne pourroit en conſéquence avoir à cœur que de ſoutenir l'intérêt de tous les ordres.

Et l'aſſemblée a délibéré que le roi ſeroit ſupplié de permettre que le préſident ne fût pas compté dans le nombre des adminiſtrateurs de l'ordre duquel il ſeroit.

Il a encore été délibéré que la commiſſion ſeroit chargée de rédiger un projet de réglement, conforme audit rapport, quant à la compoſition des états & des adminiſtrateurs, & qu'elle continueroit ſon travail, relativement aux fonctions & attributions deſdits états, pour en faire le rapport à l'aſſemblée le plutôt poſſible.

La ſéance a été indiquée au lendemain 5 , dix heures & demie du matin.

Signé, le duc DE CROŸ.

DENOISEUX, ſecrétaire-greffier.

S E A N C E *du mercredi 5 décembre 1787 , dix heures &*
demie du matin.

Lecture a été faite du procès verbal de la féance du
mardi 4.

Conformément à l'inftruction laiffée fur le bureau dans
la féance d'hier par M. le commiffaire du roi , il a été
diftribué par le fecrétaire - greffier à tous les membres de
l'affemblée ;

1°. Une inftruction fur les prairies artificielles.

2°. Une inftruction fur la culture , l'ufage , & les avantages de la betterave champêtre.

3.°. Une inftruction fur le parcage des bêtes à laine.

4°. Une inftruction fur la culture des turneps ou gros
navets.

Enfuite la commiffion chargée du travail relatif à l'augmentation demandée fur les vingtiemes , ayant pris le bureau , a fait le rapport fuivant.

M E S S I E U R S ,

« La commiffion que vous avez chargée de vous préfenter les obfervations dont pouvoient être fufceptibles
les difpofitions ultérieures du roi , relativement à l'augmentation des vingtiemes , penfe que fi vous avez eu des
doutes fur votre compétence pour les accepter, vous pouvez du moins vous confidérer comme y étant autorifés par la
feule demande formelle & pofitive qu'en fait fa majefté.

» Il eſt vrai que cette augmentation qu'elle a fixée ne pourra avoir ſon effet que par une très-rigoureuſe perception. C'eſt ce que vous avez été à portée de connoître par les premiers renſeignemens qui ont été mis ſous vos yeux ; mais les beſoins de l'état la rendent indiſpenſable , & vos ſoins , à l'égard de la répartition , en préviendront les injuſtices.

» C'eſt d'abord par notre zèle & notre ſoumiſſion , Meſſieurs , que nous pouvons témoigner la reconnoiſſance que nous inſpire toute nouvelle certitude d'une prochaine adminiſtration d'états. Mais la commiſſion vous propoſe de ſupplier ſa majeſté d'ajouter à une telle preuve de ſa bienfaiſance pour cette province , celle de vous accorder annuellement ſur la capitation & acceſſoires une remiſe de 50,000 livres , à titre de fonds libres.

» Pluſieurs provinces nous offrent l'exemple de pareils ſecours dont elles jouiſſent , & celle-ci en eſt preſque entierement dénuée.

» Oui , Meſſieurs , une remiſe de fonds libres eſt une marge toujours indiſpenſablement néceſſaire à une adminiſtration d'états, encore plus dans les circonſtances d'une impoſition accablante, pour ſubvenir à des frais imprévus , à des défauts de perception , & au ſoulagement des malheureux, dont le nombre, habituellement conſidérable, eſt ſouvent augmenté par des fléaux , tels que le feu , la grêle , des mortalités des beſtiaux , inondations , &c.

» Il eſt vrai que M. le contrôleur général, dans ſa lettre du 2 décembre à M. le duc de Croÿ , a fait entendre que la réduction ſur la ſomme de 913,863 liv. 15 ſ. 3 den. étoit accordée dans la vue de tenir compte à la province d'une fomme quelconque, à raifon de décharges, modérations, & non valeurs ; mais la province ne manqueroit pas de voir avec transport que fa majefté, en confidération de la charge pefante des vingtiemes qu'elle lui demande, daigneroit s'occuper avec bonté des moyens de mettre l'affemblée, par des fonds effectifs & libres, à même d'apporter des fecours prompts & judicieufement diftribués à la claffe la plus malheureufe de fes fujets ».

Ce rapport étant fini, & l'objet mis en délibération, l'affemblée empreffée de donner à fa majefté des preuves de fon zèle, en contribuant de toutes fes forces aux befoins de l'état dans les circonftances préfentes, & de fa reconnoiffance à l'occafion du rétabliffement des états de la province, faifant céder fes doutes fur fa compétence à une foumiffion entiere à l'égard de la fomme de 748,000 liv. demandée par fa majefté, en continuant la forme d'abonnement, s'eft bornée à obferver, 1°. que l'affurance donnée par M. le contrôleur général à M. le préfident, que l'intention du roi étoit de traiter le Hainaut avec la même faveur que les autres pays abonnés, l'autorifoit à repréfenter que l'augmentation de 240,000 liv. demandée étoit prefque de moitié en fus de l'abonnement actuel de 508,000 liv., & qu'en déduifant même celle à efpérer des biens nouvellement impofables, elle feroit encore de près d'un tiers; tandis que les provinces voifines abonnées n'étoient augmentées que d'environ un quart, y compris même lefdits nouveaux biens impofables.

2°. Que l'augmentation du produit des terres ayant été prefque infenfible dans le Hainaut depuis 1756, les

vérifications ayant été très-rigoureuses à cette époque , &
les abonnemens fucceffivement augmentés depuis , elle étoit
fondée à craindre que la perception de ladite fomme de
748,000 liv. ne fût impoffible, fi, par quelque autre moyen,
fa majefté ne lui donnoit la poffibilité de venir au fecours
des indigens qui abondent dans cette province, & des mal-
heurs imprévus qui peuvent furvenir.

3°. Que la province étant écrafée fous le fardeau des
autres impofitions , elle ne croyoit pouvoir acquérir la
poffibilité de percevoir ladite fomme de 748,000 liv. ,
qu'autant que fa majefté daigneroit lui donner une marque
de fatisfaction de fa foumiffion, en lui accordant une remife annuelle de 50,000 livres , à titre de fonds libres ,
fur la capitation & impofitions acceffoires d'icelle ; que
par ce moyen elle feroit moins fouvent obligée de demander au roi des décharges & modérations qui ont toujours
été jufqu'à préfent à la charge de fon tréfor royal , & que
cette remife pourroit tenir lieu en partie du moins im-
pofé que fa majefté accorde aux autres provinces de fon
royaume.

Enfin il a été arrêté que la préfente délibération feroit
remife fur le champ , par des députés accompagnés du procureur-fyndic & du fecrétaire - greffier , à M. le commiffaire du roi, dont les connoiffances fur la véritable fituation de cette province le mettront à portée de faire connoître au confeil de fa majefté la vérité & la juftice des
motifs fur lefquels l'affemblée a cru pouvoir fonder fa
demande.

La féance a été indiquée au vendredi fept , dix heures

&

& demie du matin, & l'affemblée s'eft féparée pour aller travailler dans les bureaux.

Signé, le duc DE CROŸ.

DENOISEUX, fecrétaire - greffier.

SEANCE du vendredi 7 décembre 1787, dix heures & demie du matin.

Lecture a été faite du procès verbal de la féance du mercredi 5.

Lecture a été auffi faite, par M. le procureur-fyndic, d'une requête de MM. du chapitre de Saint-Quentin à Maubeuge, tendante à obtenir un député de leur chapitre aux états.

L'objet mis en délibération,

Il a été délibéré de mettre la requête fous les yeux du confeil de fa majefté, avec les obfervations de l'affemblée, en même temps que le travail général.

Enfuite les commiffaires des travaux publics ont pris le bureau, & ont fait le rapport fuivant.

MESSIEURS,

» Vous fentez mieux que nous ne pouvons vous l'exprimer, combien les grandes routes font avantageufes dans les pays où elles font communes & bien entretenues.

» Cette province eft une de celles qui jouiffent avec le

K

plus d'abondance de cet heureux moyen de vivification,
puisque, dans une très - petite étendue, elle compte dès à
préfent cent vingt-huit mille deux cents toifes de longueur
de chauffées, faites tant en pavés qu'en cailloutis, & trente-
quatre mille trois cent quarante-fept toifes de longueur pro-
jetées, ou en conftruction : ces chauffées compofent le
reffort des officiers des ponts & chauffées, & on n'y comprend pas celles de l'intérieur des villes, de leurs banlieues,
de la châtellenie de Bouchain, des prévôtés de Saint-
Amand & de Mortagne, qui font foumifes à des régimes
locaux. Les routes qui correfpondent à ces châtellenies &
prévôtés, ainfi que les fonds relatifs à leurs ponts & chauffées, feront traitées dans un rapport féparé, que l'on a cru
néceffaire pour ne pas confondre les adminiftrations particulieres avec l'adminiftration générale.

» Vous avez vu, Meffieurs, le commerce & l'agriculture
marcher du même pas que ces utiles conftructions, & l'on
auroit pu calculer les progrès des premieres par l'augmentation fucceffive des débouchés qui leur ont été ouverts
depuis long-temps dans cette province ; mais le fardeau de
la dépenfe des routes s'eft en même temps augmenté à un tel
point, qu'il eft à préfent exceffif.

» En effet, les détails dans lefquels nous allons entrer,
& les états qui les accompagneront, vous prouveront,
Meffieurs, que les fommes fournies pour cet objet par la
province feule, en 1787, fe font élevées à 162,892 l.,
indépendamment de celles que le gouvernement fournit
pour les routes & communications militaires de l'entre
Sambre & Meufe, réglées par les traités. Il eft inutile de
vous répéter, Meffieurs, que la châtellenie de Bouchain,

les prévôtés de Saint - Amand & de Mortagne ne font comprifes ni dans ces fommes ni dans leur emploi.

» La charge de cette dépenfe paroîtra bien plus pefante encore pour la province , fi l'on fait attention que ces grandes routes fervent principalement au tranfport & au paffage des marchandifes , qui , parties d'une fource étrangere , vont fe répandre dans les provinces de l'intérieur du royaume, ou, parties des provinces de l'intérieur du royaume, vont fe répandre dans les pays étrangers. Ces tranfports, qui fe font fur des voitures chargées de poids énormes , ne peuvent que dégrader rapidement les grandes routes, & néceffiter de continuels entretiens.

» Le Hainaut fe trouve , par fa pofition , limitrophe & intermédiaire des pays les plus commerçans. Il paroîtroit équitable qu'il pût obtenir quelques fecours, puifés ailleurs que dans fon fein, pour faire face à une dépenfe dont il ne retire pas un avantage proportionné. Si le bien du commerce national avec l'étranger exige que le Hainaut abonde en communications exactement entretenues , le bien particulier de cette province femble défirer qu'elle ne dépenfe point pour cet objet au delà de l'avantage qu'il lui procure. Tel eft le vœu du gouvernement, configné dans l'inftruction * qu'il vous a donnée, Meffieurs , & par laquelle il eft dit que les dépenfes des grandes routes doivent être fupportées, en raifon de *l'intérêt plus ou moins direct* que les adminiftrations ont à ces routes.

* Quatrieme partie , au commencement.

» D'après les renfeignemens que nous a remis l'ingénieur en chef , conformément à la même inftruction *, vous verrez , Meffieurs , qu'il exifte en Hainaut (non compris les villes , leurs banlieues , la châtellenie de Bouchain , & les

* Quatrieme partie , article quatrieme.

K ij

prévôtés de Saint-Amand & Mortagne , ainsi que nous avons déjà eu l'honneur de vous l'expôser) cent vingt-huit mille deux cents toises de longueur de chauffées , dont foixante-quinze mille cinq cent cinquante toises en pavés , & cinquante-deux mille fix cent cinquante toises en empierremens ou cailloutis. Nous avons ajouté qu'il reftoit trente-quatre mille trois cent quarante-fept toises de longueur à faire , tant en pavés qu'en cailloutis.

» Dans cette longueur à faire, il exifte un projet arrêté, (dont l'exécution eft même déjà commencée) pour la conftruction d'une route en cailloutis, d'environ fept mille toises, depuis le village de Sains, au deffus d'Avefnes, jufqu'aux limites au delà de Trelon.

» Il exifte un autre projet , mais qui n'eft pas encore arrêté, pour la conftruction d'une feconde route en cailloutis, de neuf mille huit cent vingt toises, de Maubeuge à Landrecies.

» Tous ces ouvrages font confiés à la direction d'un ingénieur en chef, & de deux fous-ingénieurs , qui ont à leurs ordres deux conducteurs principaux , quatre conducteurs fimples , & douze piqueurs.

» Le rechargement des chauffées en cailloutis a commencé en 1786, & fe faifoit, ainfi que l'entretien des mêmes chauffées , fur les fonds de la province ; mais depuis le nouveau régime de 1787, ces objets ont été rejetés fur la contribution repréfentative de la corvée. Les entretiens, avant 1781 , avoient toujours été faits de même par la corvée , fuivant le devis du rechargement général qui a été fait par l'ingénieur , vifé par M. l'intendant , & approuvé par le confeil. Cette opération doit être achevée en 1789. A

cette époque, vous jugerez, Messieurs, si les différentes
especes de pierres que le pays fournit, sont de nature à
former des cailloutis qui soient durables, si des rechargé-
mens partiels seront encore nécessaires à l'avenir pour éviter
des constructions neuves, ou si le travail habituel ou jour-
nalier des cantonniers suffira pour remplir cet objet.

» Le vingt-quatrieme des chauffées pavées est relevé à
bout tous les ans ; ce qui en vingt-quatre ans équivaut à une
reconstruction neuve : il entre dans chaque relevé à bout un
huitieme de pavés neufs.

» Pour conserver ces chauffées pavées, il existe trente-trois
barrieres qui se fermoient dans les temps de dégels ; mais
depuis cinq ans elles ne se ferment plus, & le défaut de cette
précaution doit avoir causé la prompte dégradation de ces
grandes routes.

» Vous jugerez s'il est essentiel de remédier à cet inconvénient en rétablissant l'usage de fermer les barrieres pendant les dégels, & ne permettant de les ouvrir que pour
les voitures qui auroient des roues à jantes larges de six
pouces, ainsi que pour la poste, les diligences, messageries,
& autres voitures, auxquelles on les ouvroit antérieurement;
ou s'il est préférable de différer à vous décider sur cet objet.

» La largeur commune des pavés en Hainaut est de
quinze pieds, celle des cailloutis est de dix-huit pieds. La
largeur de chaque accôtement est aussi de quinze & dix-
huit pieds. Celle de chaque fossé est de six pieds. Le prix
commun de la construction neuve d'une lieue de deux mille
toises, non compris les terrassemens & ponceaux, est pour
les pavés, de 79,700 liv., & pour les cailloutis de
46,000 livres.

» Le prix moyen d'une même lieue d'entretien est pour les pavés de 825 liv., pour les cailloutis de 1918 livres avec les rechargemens, & 496 liv. à l'entretien simple, sans rechargemens.

» Les sommes employées aux ouvrages des ponts & chaussées sont :

1°. Une imposition de 58,600 livres sur la province.

2°. 75,352 livres fournies par le gouvernement.

3°. 87,306 livres résultées de l'imposition représentative de la corvée, non compris 7 deniers pour livre de frais de recouvrement.

» La première somme de 58,600 liv. est le produit de la ferme des droits de jurés brasseurs & d'égards gourmeurs qui se levent en Hainaut, & est destinée au payement des ouvrages d'art, soit neufs, soit d'entretien des chaussées de l'intérieur de la province. Cette somme supporte aussi l'entretien de sept écluses sur la Sambre, & de deux cent cinquante-un ponts, ponceaux, & aquéducs, dont quatre s'entretiennent par moitié entre la France & les puissances limitrophes.

» Il est pris enfin sur cette somme environ 18,000 liv. pour les appointemens, gratifications, frais de bureau, & autres, des inspecteur général, ingénieur en chef, sous ingénieurs, conducteurs & piqueurs. La somme annuelle ne doit être que de 58,600 liv.; cependant elle s'est élevée cette année à 60,688 livres, à cause de 2088 livres d'arrérages payés à la ferme des jurés brasseurs par les villes de Fumay & de Revin. Des 60,688 livres, il n'a été employé que 51,688 livres, & par conséquent il reste 9000 livres de fonds libres, que l'ingénieur en chef propoſe d'appliquer à la conſtruction des ponts & ponceaux de la route projetée de Maubeuge à Landrecies ; mais nous croyons, Meſſieurs, qu'avant de diſpoſer de cette ſomme, il feroit à propos que le projet de route fut examiné par les commiſſaires aux travaux publics, que nous devons vous propoſer de nommer.

» La ſeconde ſomme de 75,352 livres, dans laquelle la province contribue pour 12,352 livres, eſt deſtinée à la confection des routes de communication de l'entre Sambre & Meuſe, à meſure qu'elles ſe conſtruiſent : leur entretien devient, pour la province, une nouvelle charge permamente, & cet objet a déjà coûté, ſur la contribution repréſentative de la corvée pour 1787, 5287 liv. Sur les 75352 liv. ſe prélève une ſomme de 800 livres, pour gratification accordée juſqu'à préſent à l'ingénieur & au ſous-ingénieur employés dans cette partie.

» La troiſieme eſt le produit de la preſtation repréſentative de la corvée ; elle devroit varier chaque année dans la proportion des ouvrages propoſés ; mais ces ouvrages ayant été prévus pour trois ans, les devis en ont été faits, viſés & approuvés, & la contribution a été réglée à 6 ſ. 5 d. pour livre de la capitation & acceſſoires ; de maniere que l'ordre des ouvrages porte à ne rien changer au plan des travaux, ni au montant de l'impoſition, juſqu'à l'expiration des trois années. L'impoſition qui n'affecte que la capitation des campagnes, & non des villes ou banlieues, & qui ne s'étend pas ſur les prévôtés de Bouchain, Saint-Amand, & Mortagne, s'élève à 87,306 livres, non compris les frais de recouvrement. Ces frais auroient dû monter, ſuivant l'arrêt du conſeil du 6 novembre 1786, général pour tout le royaume, à 1 o deniers pour livre de la contribution ; favoir, 4 den. pour les taxations des collecteurs, 3 den. pour celles des receveurs particuliers, & pareils 3 den. pour tenir lieu aux receveurs généraux des finances de toutes taxations & intérêts de leurs avances ; mais l'arrêt du confeil du 14 décembre fuivant, particulier pour le Hainaut, n'ordonne d'impofer, en fus des contributions, que fept deniers pour livre, & ne parle point des trois deniers de taxations pour les receveurs particuliers.

» L'impofition repréfentative de la corvée fert à la dépenfe de tout ce qui n'eft pas ouvrages d'art, ainfi qu'au payement des cantonniers. Ils font au nombre de foixante-deux, dont un eft à frais communs entre la France & le pays de Liége ; ils n'ont coûté que 7 0 5 0 livres en 1787, attendu que cinquante-fept ont été employés quatre mois de l'année feulement ; mais en 1788 ils coûteront pour toute l'année 18,450 livres.

» Les ouvrages d'art neufs font adjugés en fept parties pour le prix enfemble de 412,300 liv. Dans cette fomme les routes d'entre Sambre & Meufe font un objet de 316,400 livres.

» L'entretien defdits ouvrages d'art a été adjugé, en 1784, pour fix ans, en trois parties, au prix enfemble de 36,300 liv. par an ; mais depuis la converfion des corvées en argent, l'entretien des chauffées en cailloutis a été diftrait de ces adjudications, dont une eft réfiliée, & les deux autres ne portent plus que 19,680 livres ; le furplus, montant à 16,620 livres, a été rejeté fur l'impofition de la corvée, comme cela fe pratiquoit avant 1781, ainfi qu'il a été obfervé ci-deffus.

» Les

»Les ouvrages payés avec cette impofition ont été diftribués
en treize ateliers, dont fept pour le département de Valenciennes, & fix pour celui de Givet. Les adjudications
d'ateliers, faites pour la préfente année feulement, ont
produit un revenant-bon fur l'impofition de 5,472 liv.,
qui ont été employées en augmentation d'ouvrages, conformément à l'article 11 de l'arrêt du confeil du 6 novembre 1786 ; mais l'inftruction permettant à l'affemblée
de tenir en réferve, pour l'année fuivante, les revenant-
bons qu'il pourroit y avoir, le bureau croit que ce dernier
parti feroit le plus avantageux à l'avenir.

» Les adjudications des ateliers doivent fe renouveler
pour 1788.

» Ce ne fera que d'après les lumieres de l'expérience que
vos commiffaires, Meffieurs, pourront vous mettre à portée
de juger s'il eft plus avantageux de laiffer fubfifter la diftribution actuelle des ateliers, d'en réduire ou d'en augmenter le nombre.

» Vous êtes informés, Meffieurs, des réclamations uni-
verfelles des habitans de la campagne, qui font perfuadés
que le montant de l'impofition de la corvée eft exceffif, en
comparaifon des ouvrages auxquels la corvée en nature les
auroit affujettis. En effet, les corvées faites en 1786 ne
font évaluées par les ponts & chauffées qu'à la fomme de
54,859 liv., tandis que l'impofition repréfentative de la
corvée monte, en 1787, à 87,306 ; mais vous verrez,
par le tableau joint *, que l'excédant de dépenfe d'une
année fur l'autre, eft venu de l'excédant d'ouvrages faits,
& du nouveau régime adopté pour leur exécution, d'après
lequel les journées d'hommes & de voitures ont été évaluées

* Sous le nu-
méro premier.

L

plus haut pour les entrepreneurs, qu'elles ne l'étoient pour la corvée en nature. Il paroît cependant que c'est par erreur que les travaux de l'atelier de Walcourt *, objet de 8,863 livres, ont été mis à la charge de la contribution repréfentative des corvées, puifqu'ils portoient fur un embranchement relatif aux nouvelles communications de l'entre-Sambre & Meufe, qui ne doivent être payées que fur les 75,352 livres des fonds de la frontiere mentionnés ci-deffus *. L'ingénieur en chef a promis de s'employer pour faire rendre à l'objet de la corvée ces 8863 livres, qui feroient employées aux terraffemens & autres ouvrages de la corvée fur la route en conftruction, depuis le village de Sains jufqu'aux limites. Ne jugerez-vous pas à propos, Meffieurs, d'appuyer de votre crédit les démarches de l'ingénieur à cet égard ?

» Nous ne devons pas vous laiffer ignorer, Meffieurs, les réclamations qui fe font élevées au fujet de la nouvelle direction donnée, depuis Sains jufqu'à Trelon, à la même route de prolongation aboutiffante aux limites.

» Ces réclamations, appuyées fur des motifs d'économie, tendent à maintenir en partie l'ancienne direction de cette route : nous nous contenterons de vous obferver, Meffieurs, que le projet de la nouvelle direction eft arrêté ; que cinq ponceaux font déjà faits, & que le bois eft abattu dans la ligne que la route doit parcourir. Nous ne devons pas plus vous laiffer ignorer, Meffieurs, les réclamations qui font faites par la communauté de Solre-le-Château, laquelle fe plaint de ce qu'elle a été traitée tout à la fois comme ville, en fupportant une quotité de 476 liv. dans l'abonnement du don gratuit des villes, & des 6 fous pour livre ; & comme village, en fupportant une quotité de 1297 livres

* Sixieme du département de Givet.

* Voyez le tableau numéro 2.

13 f. , à raifon de la contribution repréfentative des corvées, fans compter une fomme d'environ 500 livres par an, qu'elle paye pour les réparations & l'entretien des chauffées intérieures dudit Solre-le-Château. Nous n'avons pu, Meffieurs, qu'être fenfibles à cette repréfentation, que nous mettons fous vos yeux.

» Il ne nous refte plus qu'à dire un mot fur les plantations formées le long des routes du Hainaut, & fur les moyens qui fervent à les repeupler.

» Nous commencerons par avoir l'honneur de vous rappeler, Meffieurs, l'ufage général qui exifte dans le reffort des ponts & chauffées de cette province, de planter en dehors des foffés. Cet ufage paroît nuifible à l'agriculture, qui eft le nerf de l'état, & qui fixe plus que jamais l'attention paternelle du gouvernement. En effet, les arbres plantés en dehors des foffés arrêtent, par leur interpofition continuelle, l'action du foleil fur la terre, & leurs racines vont chercher au loin les fucs nourriciers qui font perdus en grande partie pour l'agriculture. Lorfqu'au contraire les arbres font plantés en dedans du chemin, les foffés forment un obftacle à ce que les racines puiffent s'étendre dans la campagne, & l'agriculture s'enrichit de tout le terrein fur lequel les arbres feroient plantés, ainfi que de celui que leur ombre & leurs racines rendroient infertile. Ces confidérations pourront vous engager, Meffieurs, à faire entrer cet objet dans les inftructions que vous donnerez à vos commiffaires, pour qu'il devienne un fujet de vos délibérations à l'avenir.

» Toutes les plantations du reffort des ponts & chauffées font en ormes, & préfentent un total de trente-cinq mille

L ij

cinq cent trente-fix arbres , fans compter ceux qui bordent
les routes de la châtellenie de Bouchain , & des prévôtés
de Saint-Amand & de Mortagne : dans le nombre de ces
arbres , vingt mille deux cent trente-deux font à l'entretien
des ponts & chauffées , & les quinze mille trois cent quatre
reftans font concédés aux feigneurs voyers. Quelques - unes
de ces conceffions cependant ne font pas juftifiées , & nous
croyons qu'il feroit à propos qu'elles le fuffent.

» Pour fournir à la dépenfe de ces plantations , la province paye à regle de capitation une impofition intitulée
pépiniere du roi. Cette impofition , établie par arrêt du confeil du 1 9 novembre 1 7 6 5 , ne portoit d'abord que 8 4 0 l. ,
y compris 4 0 liv. pour frais de recouvrement ; mais par un
autre arrêt du confeil du 2 6 feptembre 1 7 7 3 , l'impofition
a été doublée , & depuis lors elle a toujours été payée fur
le pied de 1 6 8 0 liv.

» La châtellenie de Bouchain , les prévôtés de Saint-
Amand & de Mortagne ne contribuent en rien à l'impofition , attendu que ces adminiftrations particulieres pour-
voient par elles-mêmes aux plantations de leurs chauffées.

» Sur les 1 6 8 0 livres , l'ingénieur en chef a obtenu un
logement de 5 0 0 livres : le furplus fert aux nouvelles plantations & au remplacement des arbres , ainfi qu'aux réparations & aux arrangemens de la chambre confulaire à Valenciennes , quand la circonftance fe préfente.

» La pépiniere du roi n'exifte plus : un pépiniérifte particulier fournit les arbres , & ils lui font payés , plantés
& armés de leurs épines , à raifon de 1 4 fous le pied : il eft
auffi chargé de l'élaguement , lequel lui eft payé à raifon de
3 deniers par arbre en fus des élagures qui lui reftent.

» De tout ce qui précede , il réfulte :

» 1°. Que les ouvrages d'art neufs des ponts & chauffées font réglés, jufqu'à leur entiere perfection, par fept adjudications qui font la loi.

» 2°. Que les ouvrages d'art d'entretien font réglés auffi par deux adjudications qui ne doivent expirer qu'au premier janvier 1790.

» 3°. Que l'ouvrage de la corvée, diftribué fous treize ateliers, n'a véritablement été adjugé que pour les années 1787, 1788, & 1789, entre lefquelles a été partagée également la contribution repréfentative de la corvée néceffaire pour ces trois années, de maniere que le bureau regarde cette contribution comme fixe, & tenant au cours des ouvrages pour les deux années prochaines.

» Au bout de ce temps, qui doit être en même temps celui du rechargement général des chauffées en cailloutis, toutes ces chauffées, auffi bien que celles en pavé, pourront, par le feul effet de l'ordre & de la méthode, être mifes à l'entretien fimple.

» Le bureau croit donc n'avoir que quatre propofitions à foumettre à vos délibérations, Meffieurs, dans l'état préfent des chofes.

» La premiere eft de délibérer s'il eft à propos de rétablir l'ufage de fermer les barrieres durant les dégels, & de ne permettre de les ouvrir que pour les voitures qui auront des roues à jantes larges de fix pouces, & pour les autres voitures auxquelles il a toujours été d'ufage de les ouvrir.

» La feconde eft d'appuyer de votre crédit les démarches de l'ingénieur en chef, pour faire rendre à l'objet de la corvée les 8863 livres de l'atelier de Walcourt.

» La troifieme eft de nommer des commiffaires aux travaux publics, pris dans le fein de l'affemblée, & diftribués au nombre de huit dans les divers cantons de la province, fuivant le tableau joint *.

* Sous le n°. 3.

» Si vous approuvez cette propofition, Meffieurs, nous pourrons avoir l'honneur de vous préfenter un projet d'inftruction pour ces commiffaires qui feront chargés de porter leurs premiers regards fur deux objets : l'un fera la route en fimple projet de Maubeuge à Landrecies, pour examiner s'il convient d'entreprendre cette route, & d'appliquer à fa conftruction les 9000 l. de fonds difponibles, mentionnés ci-deffus. L'autre objet fera la diftribution, le nombre, & l'emploi des ateliers. Vos commiffaires, Meffieurs, éclairés par l'expérience, vous feront connoître ce qui fera plus avantageux, ou de laiffer fubfifter l'état actuel des ateliers, ou de les changer & de les modifier ; ils pourront étendre leurs vues fur les cantonniers, & propofer en général fur les points qui leur feront confiés, les plans les plus utiles.

» La quatrieme & derniere propofition, Meffieurs, eft de tenir en réferve le revenant-bon qui pourra réfulter à l'avenir des adjudications d'atelier, comparées avec l'impofition qui leur fert de bafe, ainfi que vous y êtes autorifés par votre derniere inftruction.

Part. IV, art. 13.

» En terminant ce rapport, nous croyons, Meffieurs, devoir rendre témoignage du zele infatigable avec lequel l'ingénieur en chef de cette province a fecondé toutes les opérations, &, pour ainfi dire, fuivi tous les pas du bureau des travaux publics. L'on ne peut donner une plus jufte ni une plus haute idée de l'honnêteté de cet ingénieur, qu'en difant qu'elle eft égale à fes lumieres, & qu'il fe montre en tout digne de la réputation diftinguée dont il jouit.

« Nous joignons au préfent rapport :

» 1°. Le tableau de comparaifon de l'évaluation des ouvrages faits par la corvée en 1786, avec ceux faits en 1787.

» 2°. Le tableau de l'état des entretiens & des travaux en conftruction actuelle, ainfi que de l'emploi de toutes les fommes verfées dans la caiffe des ponts & chauffées pour l'année 1787, conformément à l'état arrêté par le confeil.

» 3°. Le tableau du département des commiffaires aux travaux publics.

» 4°. Le tableau comparatif du montant par atelier de l'impofition repréfentative de la corvée en 1787, avec le montant des adjudications des mêmes ateliers.

» 5°. Le tableau de dénomination & diftribution defdits ateliers, & du nombre des cantonniers attachés à chacun.

» 6°. Enfin le tableau des plantations en ormes, faites le long des routes du reffort des ponts & chauffées ».

Le rapport fait, il a été délibéré :

1°. Que les barrieres refteroient ouvertes cet hiver dans les temps de dégels, comme elles l'ont été les cinq hivers derniers, & qu'on remettroit à l'année prochaine à difpofer fur cet objet.

2°. Que la commiffion intermédiaire feroit un mémoire en réclamation de la fomme de 8863 liv. qui a été employée pour l'atelier de Walcourt, qui fe trouve compris dans les routes d'entre Sambre & Meufe.

3°. Qu'il feroit nommé huit commiffaires aux travaux publics, entre lefquels les différentes routes de la province feroient diftribuées; lefquels commiffaires feroient MM. de Prefeau d'Hugemont, le vicomte de Buat, le comte d'Efpiennes, Poulliaude de Thiery, Joly, Bofquet, Rouffeau de Launois, & Scorion.

Et que le bureau des travaux publics préfenteroit à l'affemblée un projet d'inftruction pour remettre auxdits commiffaires.

4°. Enfin que les revenant-bons qui pourroient réfulter des adjudications d'atelier feroient réfervés pour les travaux de l'année fuivante.

La féance a été indiquée à cejourd'hui quatre heures & demie de relevée.

Signé le duc DE CROŸ.

DENOISEUX, fecrétaire-greffier,

Comparaifon

COMPARAISON *de l'évaluation des Ouvrages faits par la Corvée en 1786, avec ceux faits en 1787.*

	Année 1786.		Année 1787.		
	₶	f.	₶	f.	d.
Ouvrages neufs & remuement de terre	4000	»	8863	5	4
Ouvrages pour routes	»	»	5287	5	4
Dépenses pour les Cantonniers	»	»	7050	»	1
Bénéfice des Entrepreneurs	»	»	6490	5	
Rechargemens & approvisionnemens de chauffées en cailloutis	16327	10	15401	10	1
Entretiens des accôtemens	8049	»	15144	19	»

CHAUSSÉES PAVÉES.

Frais de transport.

1786.			1787.								
Nombre de Pavés.	Pieds courants & bordures.	Voitures de fable.	Nombre de Pavés.	Pieds courants & bordures.	Voitures de fable.						
71810	3570	5044	80249	5376	5293 $\frac{1}{2}$	26482	10		29068	15	3
						54859	»		88306	»	»

Nota. Que par Ouvrages pour routes on entend les différens Ouvrages d'entretien fur les nouvelles routes, en cailloutis, entre-Sambre & Meufe.

La grande différence dans l'entretien des accôtemens, vient de ce qu'en 1786, il y avoit 103026 toif. 2 pi. à l'entretien fimple feulement, & qu'en 1787, on a mis 60209 toif. 1 pi. 3 po. tant d'accôtemens que de foffés à l'entretien parfait.

Nota. Les 8863 liv. 5 f. 4 d. font portées par erreur au compte de l'impofition repréfentative de la Corvée ; elles devoient être prifes fur les fonds deftinés aux routes d'entre-Sambre & Meufe.

M

ETAT *des Entretiens & des Travaux en construction actuelle , & de l'emploi de l'année 1787 , conformément à l'état*

Article de l'Etat du Roi.	NATURE DES TRAVAUX ET INDICATIONS DES DÉPENSES.
	Entretiens des Chauffées en Pavés.
1er	Pour la quatrieme année du bail de la premiere partie , accordé le 28 Juin 1784 , pour six années consécutives , passé par subrogation au sieur Sébastien Godennesche . . . .
2e	Pour aussi la quatrieme année du bail de la seconde partie accordé au sieur Louis Crépy , le 28 Juin 1784, pour six années , réduit suivant l'ordonnance du juillet 1784 , à . . . .
	Parfait Payement.
3e	Pour parfait payement de deux aqueducs , l'un à la sortie de Raimes , l'autre près de Fresnes . . .
	Continuation d'Ouvrages.
4e	Pour la continuation des ponts & pontceaux de la chaussée d'empierrement de Sains . . . . . .
5e	Pour , *idem* , des ouvrages en maçonneries , escarpemens de roc , & chaussées d'empierrement sur la route de Paris à Liége , comprise de la descente du fond d'Alise jusqu'au gros chêne d'Haibes . . . . .
6e	Pour , *idem* , sur la même route se terminant à la descente d'Alise , passé la ville de Fumay . . . .
7e	Pour , *idem* , sur la même route des levées & pontceaux de Vireux & pont du Virouin . . . . . .
8e	Pour la continuation de cinq pontceaux , à construire sur ladite route , entre Fepin & Givet . . . .
	Nouveaux Ouvrages.
9e	Pour les pontceaux de Notre-Dame de Walcourt , à construire aux abords de Givet . . . .
10e	Pour les ouvrages de terrassemens , escarpemens de roc , chaussées de pavés & d'empierrement , à faire depuis la Porte de France de Givet , pardelà celle du vieux Pont . . . .
11e	Pour les ouvrages , *idem* , à faire depuis la limite de la Champagne jusqu'au deçà de Givet , a été mis en réserve la somme de . . . .
12e	Pour les ouvrages en maçonnerie de pontceaux & chaussée d'empierrement à construire sur la partie de route , en projet , de Maubeuge à Landrecies . . . .
13e	Appointemens de sous-ingénieurs & éleves des ponts & chaussées pour l'année 1787 . . . .
14e	Gratifications accordées aux ingénieurs & sous-ingénieurs des ponts & chaussées pour 1786 . . . . .
15e	Salaires des conducteurs & piqueurs , gages des éclusiers , recherches des matériaux , & frais de bureau . .
16e	Appointemens de l'ingénieur en chef , pour l'année 1787 . . . .

toutes les fommes verfées dans la Caiffe des Ponts & Chauffées, pour
arrêté par le Confeil.

Montant des adjudications.			Fonds faits jufques & compris 1787.			Fonds à faire pour completter le montant des adjudications.			EMPLOI DES FONDS 1787.					
									De la ferme des Jurés Braffeurs, & égards Gourmeurs.			Du Tréfor Royal & des trois Provinces.		
12,000 l.	» f.	» d.	»	»	»	»	»	»	12,000	»	»	»	»	»
7,680	»	»	»	»	»	»	»	»	7,680	»	»	»	»	»
3,500	»	»	3,500	»	»	»	»	»	260	»	»	»	»	»
95,900	»	»	39,771	16	2	56,128	3	10	12,766	17	8	»	»	»
104,000	»	»	92,368	16	3	11,631	3	9	»	»	»	50	»	»
34,000	»	»	29,651	3	»	4,348	17	»	»	»	»	100	»	»
147,900	»	»	141,849	8	11	6,050	11	1	»	»	»	30,000	»	»
27,000	»	»	24,000	»	»	3,000	»	»	»	»	»	6,000	»	»
3,450	»	»	708	»	»	2,742	»	»	»	»	»	708	»	»
73,600	»	»	23,102	»	»	50,498	»	»	»	»	»	23,102	»	»
»	»	»	»	»	»	»	»	»	»	»	»	14,592	»	»
»	»	»	»	»	»	»	»	»	9,000	»	»	»	»	»
»	»	»	»	»	»	»	»	»	3,800	»	»	»	»	»
»	»	»	»	»	»	»	»	»	3,000	»	»	800	»	»
»	»	»	»	»	»	»	»	»	9,980	»	»	»	»	»
»	»	»	»	»	»	»	»	»	2,202	»	»	»	»	»
489,350	»	»	354,951	4	4	134,398	15	8	60,688	17	8	75,352	»	»

TABLEAU du Département de Messieurs les Commissaires aux travaux publics.

M. ROUSSEAU DE LAUNOIS,

POUR les Routes de Valenciennes aux limites de l'administration de Saint-Amand, aux limites de l'Administration de Bouchain, à Quievrain, à Thivencelle, à Famars, & pour l'embranchement de Beuvrage à Raimes.

M. POUILLIAUDE DE THIERY,

POUR les Routes de Maubeuge à Avesnes, à Bavay, à Cousolre, & au Bois-Bourdon, route de Mons.

M. LE VICOMTE DU BUAT,

POUR les Routes de Condé à Valenciennes, au mont de Bon-Secours, à Thivencelle, & au Port du vieux-Condé.

M. LE COMTE D'ESPIENNES,

POUR les Routes du Quesnoy à Valenciennes, à Landrecies, à Bavay, au Jolimets, & à Fontaine-au-Bois.

M. DE PRESEAU D'HUJEMONT,

POUR les Routes d'Avesnes à Landrecies, à la Groise, à la Rouillie, & à Trelon.

M. JOLY,

POUR tous les environs de Givet, de Fumay, & de Revin.

M. BOSQUET.

POUR tous les environs de Philippeville & de Mariembourg.

M. SCORION,

POUR les Routes de Solre-le-Château à la Cense-à Longes sur la route d'Avesnes, & depuis Barbençon jusqu'à Selaurieu.

TABLEAU

TABLEAU comparatif du montant des Impofitions repréfentatives de la Corvée, divifé par Atteliers, pour les Ouvrages à exécuter pendant l'année 1787, avec le montant des adjudications.

	N°.	Noms des Atteliers.	Montant des Impofitions.			Montant des Adjudications.		Revenant bon.			Déficit.	
	1	Valenciennes,	4569 l.	9 f.	» d.	4250 l.	» f.	319 l.	9 f.	» d.	»	»
	2	Condé,	468	8	»	408	»	60	8	»	»	»
Département de Valenciennes.	3	Le Quefnoi,	18861	19	»	19500	»	»	»	»	638	1
	4	Bavai,	8611	16	»	8150	»	461	16	»	»	»
	5	Landrecies,	10678	12	»	9750	»	928	12	»	»	»
	6	Avefnes,	14076	18	»	12600	»	1476	18	»	»	»
	7	Maubeuge,	10840	5	11	8200	»	2640	5	11	»	»
	1	Fumay,	729	4	»	729	4	»	»	»	»	»
	2	Charlemont,	4008	3	»	4008	3	»	»	»	»	»
Département de Givet.	3	Maubeuge,	5159	14	9	5000	»	159	14	9	»	»
	4	Mariembourg,	303	4	»	303	4	»	»	»	»	»
	5	Phillippeville,	135	1	»	135	1	»	»	»	»	»
	6	Maubeuge,	8863	5	4	8800	»	63	3	4	»	»
			87306	»	»	81833	12	6110	7	»	638	1

Revenant-bon . . . 6110 l. 7 f.
Déficit 638 1

5472 6

† M

ETAT *dénominatif des Atteliers établis sur les diverses routes du Hainaut, & du nombre des Cantonniers qui y sont attachés.*

	Noms des Atteliers.	Nombre des Cantonniers.	Observations.
Département de Valenciennes.	Valenciennes,	4	
	Condé,		
	Le Quesnoi,	15	
	Bavay,	6	
	Landrecies,	6	
	Avesnes,	12	
	Maubeuge,	8	
Département de Givet.	Fumay,	”	Un de ces Cantonniers, celui de Blaimont, est payé par moitié entre la France & le pays de Liége.
	Charlemont,	6	
	Maubeuge,	5	
	Mariembourg,	”	
	Philippeville,	”	
	Maubeuge,	”	
		62	

ETAT *concernant les Plantations d'Ormes faites & établies aux frais du Roi, le long des routes & principaux chemins de la Province du Hainaut (non compris la Châtellenie de Bouchain, la Prévôté de Saint-Amand & celle de Mortagne), dans lequel les arbres à l'entretien des Ponts & Chauffées, font rapportés féparément de ceux préfumés concédés à différens Seigneurs Voyers, à la charge des remplacemens, & dont il importe au bon ordre, comme au bien du fervice, que les titres des conceffions foient définitivement conftatés.*

	NOMBRE D'ARBRES		
	A l'entretien des Ponts & Chauffées	Dont la conceffion eft reconnue.	Dont la conceffion eft à conftater.	Total.
Route de Paris à Bruxelles	717	2734	»	3451
Route de Valenciennes à Mons	1647	907	»	2554
Route de Dunkerque à Befançon	4840	1617	537	6994
Route de Valenciennes à Liége	3550	194	6871	10615
Route de Rheims à Mons	5578	»	»	5578
Chemin du Poftillon	121	»	»	121
Cemin de Condé à Mons, par Crefpin . .	347	19	»	366
Chemin du Quefnoy à Avefnes, par Jolimets	503	»	»	503
Chemin de Landrecies à Givet	2151	»	2425	4576
Chemin de Philippeville à Mariembourg . .	32	»	»	32
Chemin d'Avefnes à Philippeville . . .	746	»	»	746
	20232	5471	9833	35536

SÉANCE *du vendredi 7 décembre 1787, quatre heures* & *demie de relevée.*

Lecture a été faite du procès verbal de la féance de ce matin.

Enfuite la commiffion du réglement a pris le bureau, & a fait le rapport fuivant :

MESSIEURS,

» Dans le dernier rapport que nous avons eu l'honneur de vous préfenter concernant la conftitution, nous en fommes reftés à l'article XI du mémoire annexé au procès verbal de vos féances du mois d'août & nous allons continuer dans la même forme relativement aux articles fuivans «

ART. XI.

Le premier jour que lefdits états feroient affemblés, les commiffaires du roi s'y rendroient pour y faire les demandes de fa majefté, & ce feroit le premier objet fur lequel ils devroient délibérer.

» Le privilége lè plus flatteur & le plus précieux des états, Meffieurs, c'eft celui de porter librement aux pieds du trône un tribut volontaire pour fatisfaire aux demandes du fouverain Ce privilége eft celui de tous les pays d'états ; l'Artois en jouit ; les états du Hainaut en ont toujours joui ; & vous y attacherez, fans doute, d'autant

tant plus de prix, qu'il vous donnera tous les ans un moyen d'offrir à fa majefté l'hommage empreffé de votre zele & de votre affeétion pour fon fervice & pour les befoins de l'état. Le roi vous a permis, par fon réglement du 1 2 juillet, d'examiner attentivement les formes anciennes de l'adminiftration du Hainaut, & par l'arrêt du confeil du 2 1 feptembre dernier, il a bien voulu vous confier encore l'examen des fonétions & attributions à accorder aux états, tant d'après les anciens ufages pratiqués en Hainaut, que d'après ceux pratiqués en la province d'Artois. Nous avons examiné avec attention, Meffieurs, les ufages de ces deux provinces, & nous avons obfervé qu'ils font les mêmes, quant au fond, en ce qui concerne le privilége flatteur de confentement. Les formes pratiquées à eet égard en la province d'Artois font connues par le confeil de fa majefté ; mais nous penfons que vous trouverez convenable de joindre aux mémoires & propofitions que vous aurez à adreffer au roi, les copies des aétes d'offre ou d'accord & d'acceptation des états du Hainaut autrichien & du gouvernement général des Pays-Bas qui repréfente le fonverain de ce pays. Le roi ne défapprouvera pas qu'en ce qui concerne les formes, vous lui témoigniez le défir de préférer celles de votre province. Votre zele vous fera fans doute perfifter dans l'article XI de votre projet du mois d'août, par lequel vous annonciez que lorfque les commiffaires du roi auroient fait aux états les demandes de fa majefté, ce feroit le premier objet fur lequel ils délibéreroient. Vous demanderez fans doute auffi que le roi veuille bien, en établiffant la fomme totale de fes demandes,

N

permettre aux états de les acquitter de la maniere la moins onéreufe aux contribuables de cette province, en lui demandant toutefois les octrois néceffaires, lorfque les moyens que les états croiroient devoir préférer apporteroient quelques changemens aux impôts & droits établis, ou exigeroient l'établiffement de quelques autres ».

ART. XII.

La levée & répartition des impofitions continueroient d'être faites, dans chaque communauté, par les officiers municipaux, fuivant l'ufage établi, & ce, fous les ordres & l'infpection defdits états, qui pourroient, au furplus, propofer à fa majefté tels réglemens qu'ils jugeroient pouvoir être plus avantageux aux contribuables.

» Il eft fans doute néceffaire, Meffieurs, que les états faffent la répartition & affiette de toutes les impofitions foncieres & perfonnelles, tant pour fournir à la fomme qui feroit demandée par fa majefté, que pour fournir aux diverfes charges & dépenfes locales qui doivent être acquittées dans la province ».

» Les municipalités des villes & des campagnes continueroient de les adminiftrer felon l'ufage, & ce feroit fous l'infpection & autorité des états. Cette forme n'a jamais varié en Hainaut, & nous ne vous propofons aucune innovation à cet égard. Nous ne vous en propofons pas non plus relativement à la nomination defdits officiers municipaux; mais nous devons vous obferver ici, qu'il cxifte en

Hainaut une grande quantité de droits dont la régie à été confiée, partie à l'adminiftration des domaines, partie à la régie générale. On tomberoit dans une grande erreur, fi on les confidéroit comme des droits domaniaux; ils n'ont pas d'autre rapport avec les domaines, que celui d'être régis par les mêmes adminiftrateurs. Les uns font de véri- tables impofitions réelles, les autres font des droits locaux qui fe perçoivent fur les confommations ou fur l'exploita- tion des terres. Ces impofitions & droits ont été établis anciennement par les états du Hainaut, & l'ont été en vertu d'octrois accordés par le fouverain auxdits états pour four- nir aux aides & fubfides qu'il leur demandoit. Ils la perçoi- vent encore aujourd'hui en vertu defdits octrois, & ils portent le nom d'*octrois* ou *criées de Mons*, alors chef- lieu defdits états ; enfin ils ne peuvent être confidérés autrement que comme le vrai & ancien patrimoine des états, de même que les octrois des villes font partie de leurs revenus ».

» Il exifte encore des droits particuliers à la province, tels que ceux des deux liards au pot des jurés braffeurs & égards-gourmeurs. Ces droits ne réfultent pas, à la vérité, d'octrois accordés anciennement aux états du Hai- naut ; ils ont été établis depuis que la province a été réu- nie à la domination françoife ; mais ce n'eft pas une impofi- tion dont le produit fe verfe au tréfor royal. Les lois & arrêts du confeil qui les ont établis, peuvent être regar- dés comme des octrois accordés à la province, qu'on pour- roit confidérer, à cet égard, comme une grande municipa- lité. Le produit en appartient en entier à la province; il eft deftiné & a toujours été employé à fes befoins particuliers, tels que ponts & chauffées, hôpitaux, fecours à des villes pour conftructions d'ouvrages publics extraordinaires, &c. Comment les états pourroient-ils adminiftrer la province, s'ils n'adminiftroient pas les fonds qui fourniffent à fes dépenfes locales? Vous trouverez fans doute à propos de foumettre cette réflexion au confeil de fa majefté.

» Le roi perçoit encore une fomme fur cette province par le moyen des dons gratuits des villes. Leur dénomination feule indique une adminiftration libre, & la fomme totale de ces dons gratuits a été établie à titre d'abonnement pour toute la province, par arrêt du 16 mai 1782, pour être répartie fur les diverfes municipalités des villes. Nous penfons que fa majefté ne trouvera aucun inconvénient à ce que les états foient chargés de cette partie d'adminiftration, en verfant dans fon tréfor royal la fomme totale qui y eft verfée annuellement fur le produit defdits dons gratuits.

» Nous n'entrons pas, Meffieurs, dans un plus grand détail fur les parties d'adminiftration dont l'intérêt de la province peut faire défirer que les états foient chargés. Le roi daignera fans doute leur confier en général l'adminiftration & le recouvrement des deniers néceffaires pour fatisfaire aux demandes qu'il fera faire aux états, & aux divers abonnemens que lefdits états pourroient avoir faits avec le tréfor royal, enfin l'adminiftration des chemins, canaux, rivieres navigables & autres ouvrages publics, ainfi que l'infpection & police néceffaires pour veiller à la confervation & entretien defdits objets; & fa majefté, toujours attentive au bien de fes peuples, permettra fans doute

aux états de lui adreffer fucceffivement des obfervations
fur les attributions dont ils auront befoin, à mefure que
l'expérience les éclairera fur ce qui pourra contribuer à
l'avantage de fes fideles fujets du Hainaut.

» Il eft néceffaire d'ajouter, Meffieurs, que les états &
les députés ordinaires devroient avoir toute autorité de
contraindre les contribuables aux payemens des impôts
& droits. Les rôles faits en vertu des mandemens des députés ordinaires feroient exécutoires, & les municipalités
feroient, comme aujourd'hui, chargées de leur exécution ;
mais en cas de conteftations, plaintes en fur-taxes & autres
difficultés de ce genre, nous croyons que vous ne pouvez
rien demander à fa majefté de plus avantageux aux contribuables, que d'autorifer les députés ordinaires à juger à
l'amiable, fommairement & fans frais, ceux qui fe préfen-
teront par devers eux à cet effet, fauf l'appel au confeil de
fa majefté ».

Art. XIII.

Lefdits états délibéreroient
encore s'il y a lieu à quelque
nouvelle & meilleure diftribution de la province en arron-
diffemens ou chefs-lieux pour l'amélioration de l'adminiftration.

» Cet article, Meffieurs,
paroît n'avoir pas befoin de
développement ».

Art. XIV.

Ils propoferoient à fa majefté les réglemens qu'ils croi-

» La propofition faite en
cet article paroît, Mef-

roient les plus avantageux pour leur difcipline intérieure. fieurs, d'autant plus jufte, qu'il eft effentiel qu'une adminiftration difpofe elle-même fur l'ordre de fes occupations & de fon régime intérieur, qu'elle connoît par expérience. Nous fommes informés que les états d'Artois arrêtent leurs réglemens, les exécutent par provifion, & n'en demandent l'homologation au confeil du roi, qu'après que l'ufage en a démontré les avantages; vous devez d'autant plus efpérer que fa majefté vous accordera la même faculté, que par l'inftruction qu'elle vous a fait remettre par fon commiffaire pour votre affemblée provifoire, il eft dit que les délibérations de ladite affemblée pour fon régime intérieur feront exécutées provifoirement ».

Art. XV.

Sa majefté fe réferveroit de ftatuer fur les fonctions & attributions defdits états, ainfi que fur leurs relations avec le commiffaire départi; mais elle ordonneroit qu'en attendant ils fe conformaffent provifoirement aux ufages pratiqués à cet egard en Artois.

» Le temps ne nous avoit pas permis, Meffieurs, d'entrer, lors de vos féances du mois d'août, dans le détail des fonctions & attributions des états. Les développemens que nous venons de mettre fous vos yeux indiquent la plupart des objets que nous penfons devoir faire partie defdites attributions; mais quant à ce qui concerne les domaines & droits vraiment domaniaux, la police qui s'exerce au nom du roi, les poftes & meffageries, mai-

fons de force, arts & métiers, la comptabilité des revenus patrimoniaux des villes, il réfulte, des informations que
nous avons prifes, que l'attribution de tous ces objets, ainfi
que de tout ce qui concerne le fervice militaire, appartient,
en Artois, à l'intendant ou commiffaire départi. Il eft
auffi l'un des commiffaires du roi auprès des états, & il nous
femble que nous ne pouvons qu'attendre ce que fa majefté
jugera à propos de régler fur fes relations avec les états,
en ladite qualité. Nous penfons feulement que vous pourriez renouveler au roi la demande que vous lui avez
déjà faite par ledit article XV, en fuppliant fa majefté de
permettre que, provifoirement, les états fe conformaffent
aux ufages pratiqués en Artois pour tous les objets qui ne
feroient pas prévus dans le réglement. Il eft une infinité
d'objets qu'on ne peut pas prévoir ; il en eft beaucoup fur
lefquels la pratique feule peut déterminer, & le voifinage
de l'Artois vous procureroit la facilité de vous inftruire
promptement, lorfque vous auriez des doutes ».

» En vous faifant cette propofition, Meffieurs, nous
n'ignorons cependant pas que les attributions & préroga-
tives des états du Hainaut à Mons, font beaucoup plus
étendues que celles de l'Artois ; mais nous penfons que
cette modération dans vos demandes feroit une nouvelle preuve de refpect à donner à fa majefté, & que vous
pouvez attendre de fa juftice & de fa bonté, qu'elle permettra par la fuite aux états de lui adreffer, ainfi que nous
avons déjà eu l'honneur de vous le dire, de nouvelles obfervations, fi l'expérience leur en fait apercevoir la nécef-
fité ».

» Il nous refte, Meffieurs, un objet à vous propofer ;

c'eft de fupplier fa majefté de permettre aux états de lui préfenter chaque année fes cahiers par fes députés, comme les autres états ».

Le rapport fait, il a été délibéré que la commiffion rédigeroit un projet de réglement conforme aux propofitions faites par ledit rapport, & que, fi le travail de la rédaction lui fuggéroit quelques obfervations, elle les préfenteroit à l'affemblée, en même temps que le projet de réglement, lorfqu'il fera rédigé.

La féance a été indiquée au lundi dix, dix heures & demie du matin.

Signé, le duc DE CROÿ.

DENOISEUX, fecrétaire-greffier.

SÉANCE du lundi 10 décembre 1787, dix heures & demie du matin.

Lecture a été faite du procès verbal de la féance de relevée du vendredi fept.

MM. les commiffaires de l'agriculture, du commerce & du bien public, ont pris le bureau & ont fait le rapport fuivant :

MESSIEURS,

« Le bureau d'agriculture & du bien public, après avoir

. pris lecture de l'inftruction de fa majefté qui y eft relative,
& qui a été remife à l'affemblée par M. le commiffaire du
roi, le 4 décembre, a reconnu qu'une partie des objets
que cette inftruction contient, eft déjà pratiquée dans cette
province, & qu'à l'égard de celles qui n'y font point connues, pour fe conformer à la difpofition indiquée par fa
majefté, de ne pas heurter directement les routines & habi-
tudes des gens de la campagne, il feroit convenable de ne
remettre les exemplaires, fur ces différentes parties de la
culture, qu'à des agriculteurs zélés & aifés. MM. les abbés
feront fur-tout à portée d'en faire faire des épreuves, dont
les réfultats, lorfqu'ils feront avantageux, ne manqueront
pas de fe répandre parmi les habitans de leurs cantons.

» Le bureau penfe qu'il feroit convenable de faire faire
des impreffions en placards de ces inftructions, pour être
affichées dans les villages, aux portes des églifes, &c.

» Mais l'adminiftration n'étant pas encore montée dans un
rapport qui faciliteroit cette diftribution, & étant dénuée de
fonds, le bureau fe trouve obligé de propofer d'y furfeoir.

» Il vous propofe auffi, Meffieurs, de folliciter des bontés du roi un nombre d'exemplaires de l'ouvrage intitulé :
*Obfervations fur les effets des vapeurs méphitiques dans
l'homme, fur les noyés, fur les enfans qui paroiffent morts
en naiffant & fur la rage*, en nombre fuffifant pour qu'il
en foit diftribué aux médecins des petites villes & chirurgiens répandus dans les campagnes, & aux curés des paroiffes, de canton en canton ; ce nombre pourroit aller à trois
cents exemplaires ».

Le rapport fait, l'affemblée a délibéré d'autorifer la com-

O

miffion intermédiaire à faire imprimer en placards , fur les premiers fonds dont elle pourra difpofer, fix cents exemplaires des inftruétions fur les moyens pratiqués avec fuccès pour fecourir, 1°. les perfonnes noyées, 2°. celles qui ont été fuffoquées par les vapeurs méphitiques, telles que celles du charbon, du vin, des mines, &c. 3°. les enfans qui paroiffent morts en naiffant, & qu'il eft facile de rappeler à la vie, 4°. les perfonnes qui ont été mordues par les animaux enragés, &c. 5°. celles qui ont été empoifonnées.

Il a été pareillement délibéré de folliciter des bontés du roi trois cents exemplaires de l'ouvrage intitulé : *Obfervations fur les effets des vapeurs méphitiques dans l'homme , fur les noyés , fur les enfans qui paroiffent morts en naiffant & fur la rage ,* pour être diftribués aux médecins des petites villes & chirurgiens répandus dans les campagnes , & aux curés des paroiffes, de canton en canton.

Enfuite MM. les commiffaires des travaux publics , ont pris le bureau & ont fait le rapport fuivant :

MESSIEURS,

» La longueur du rapport que nous avons eu l'honneur de vous faire dernierement, des grandes routes de la province foumifes à la direétion des ponts & chauffées, & le défir de ne pas confondre les adminiftrations particulieres avec l'adminiftration générale , nous ont engagés à traiter féparément l'objet des ponts & chauffées de la châtellenie de Bouchain, & des prévôtés de Saint-Amand & de Mortagne. Ces châtellenies & prévôtés ont , à cet égard, un régime intérieur indépendant de celui des officiers des ponts & chauffées.

» Nous ne vous parlons aujourd'hui, Meffieurs, que de ce qui concerne la châtellenie de Bouchain, & vous nous permettrez de remettre à un autre jour l'objet relatif aux prévôtés de Saint-Amand & de Mortagne.

» Toutes les grandes routes de cette châtellenie font en pavés. Elles comprennent vingt mille quatre cent quatre-vingt quatorze toifes courantes ; ce qui fait, à fix toifes près, dix lieues un quart, de deux mille toifes chacune.

» Il exifte fur ces chauffées trois grands ponts, vingt-trois pontceaux, & plufieurs barrieres conftruites en maçonnerie de grès.

» La largeur commune des mêmes chauffées eft de cinquante-un pieds, dont quinze pour le pavé, vingt-quatre pour les deux accôtemens, & douze pour les deux foffés latéraux.

» Leur entretien fe fait par un entrepreneur, moyen-nant une fomme fixe de quatre mille huit cents livres par an.

» Les ouvrages en général font furveillés par un inf-pecteur qui a mille livres d'appointemens, par un fous-infpecteur qui a quatre cents livres, & par un commis-garde des chauffées, barrieres & rivieres, à la rétribu-tion de cent cinquante livres. Ces infpecteur & fous inf-pecteur font pris hors du corps des officiers des ponts & chauffées, & nommés par M. l'intendant. Ils font, avec le commis garde, chargés de donner auffi leurs foins à la riviere de la Senfée. Quoiqu'elle ne porte que de petites barques du pays , fa navigation ne laiffe pas d'être importante & de mériter une attention fuivie.

» Les fonds deftinés aux dépenfes des ponts & chauf-fées de la châtellenie de Bouchain , foit en ouvrages neufs, foit en ouvrages d'entretien, réfultent de la ferme des droits de jurés braffeurs & d'égards-gourmeurs , qui fe levent particulierement dans la même châtellenie. Cette ferme rend, fuivant le dernier bail , une fomme de fix mille fix cents livres par année , indépendamment d'un pot-de-vin de fix mille livres qu'il eft d'ufage de faire payer comptant à chaque renouvellement de bail, pour fervir aux dépenfes extraordinaires, telles que reconftruction de ponts & pontceaux , remplacement d'arbres, élargif-fement de pavés dans l'intérieur des villages , enfin ré-tabliffement des dégradations caufées par des accidens. Les fix mille fix cents livres annuelles, ainfi que le prix de la vente des élagures & de celle des arbres morts ou défectueux, font employés à payer les appointemens de l'infpecteur , du fous-infpecteur & du commis-garde, les frais de bureau qui font évalués à trois cents livres par an , le prix annuel de l'entretien des ponts & chauf-fées ; enfin les réparations extraordinaires qu'exigent tant les chemins que leurs ponts & pontceaux, les rivie-res & notamment celle de la Senfée. Les pavés, accôtemens, foffés , barrieres, ponts & pontceaux font entretenus, fans le fecours de la corvée , par un maître paveur avec lequel il a été traité pour le prix de quatre mille huit cents livres par an.

» L'entretien d'une lieue de deux mille toifes de chauf-fées pavées , en faifant contribuer les chauffées pour deux

tiers, & la navigation pour un tiers feulement, aux appointemens de l'infpecteur, du fous-infpecteur & des commis-
gardes, coûte environ cinq cent foixante-dix livres à l'adminiftration de la châtellenie de Bouchain.

» Cette châtellenie n'a point adopté l'impofition repréfentative des corvées; elle continue de les employer en
nature, mais feulement lorfqu'il s'agit de conftructions neuves de chauffées ou de ponts; & dans ces circonftances qui
fe préfentent rarement, les corvées de tranfport du fable &
des pavés font les feules qui foient en ufage. Au furplus, l'adminiftration a foin de fe concerter avec les cultivateurs,
pour choifir les temps qui leur font le plus commodes.

» Les arbres plantés le long de ces chauffées appartiennent à l'adminiftration de la châtellenie de Bouchain,
excepté ceux qui bordent 1°. la chauffée de Bouchain à
Cambrai, 2°. la chauffée de Marchiennes depuis le point
où elle fe joint à celle de Douai jufqu'à fon extrémité,
3°. la chauffée de Bouchain à Valenciennes, depuis feulement la fortie du village de Douchi jufqu'à la croix Sainte-
Marie, vis-à-vis le chemin qui conduit à Dénain, 4°. enfin,
la courte traverfée du village de Rouvigny. Tous ces arbres
appartiennent aux feigneurs voyers. Ceux qui appartiennent
à la châtellenie font évalués actuellement à 40,000 liv.
environ. L'adminiftration a formé, depuis quelques années,
le projet d'employer cette fomme au rétabliffement général
de fes chauffées extraordinairement fatiguées par le nombre immenfe des voitures qui les fréquentent, foit en les
remaniant & relevant à bout en totalité, foit en les rechar-
geant de beaucoup de fable, & n garniffant de plus gros
pavés les endroits qui fupportent habituellement les roues.

» Le mauvais état actuel de ces chauffées, que la cessa-
tion de la clôture des barrieres durant les dégels, n'a pu
qu'aggraver encore, & la considération du renchériffement
progreffif du prix des pavés, des charrois, & de la main-
d'œuvre, ont déterminé le maître paveur chargé depuis
long-temps de l'entretien des mêmes chauffées, à fe re-
fufer, à l'expiration de fon marché, dont le terme étoit de
neuf ans, à en foufcrire un nouveau pour le même terme,
& l'on n'a pu obtenir de lui qu'une foumiffion de continuer
à fe charger de cet entretien aux mêmes claufes & prix de
fon ancien marché, fans déterminer le nombre d'années ;
de maniere qu'à l'expiration de chacune, il eft libre de re-
noncer à l'entretien pour l'année fuivante.

» L'influence que la ceffation de la fermeture des barrieres a eue fur la réfolution prife par le maître paveur de
ne plus vouloir fe lier par un nouveau bail, confirme de
plus en plus, Meffieurs, l'opinion où l'on paroît être généralement, que leur fermeture feroit très-utile durant les
dégels, & préviendroit les principales dégradations des
chauffées pavées.

» Il n'y a dans la châtellenie de Bouchain aucune chauffée
commencée; mais depuis long-temps il exifte le projet d'une
nouvelle branche de chauffée, pour communiquer de la
ville de Bouchain à celle du Quefnoy. Son étendue feroit
d'environ cinq lieues : cette communication feroit importante pour la ville de Bouchain, fur-tout depuis que la
navigation de l'Efcaut la traverfe ; & quand cette navigation fera réunie à celle de la Somme & de la Scarpe par
la Senfée, cette ville alors deviendroit l'entrepôt des bois,
des fers, des ardoifes, des vins, des marbres, &c. que l'on

y ameneroit directement par cette nouvelle chauffée ; elle feroit en outre très-utile pour le fervice du roi, notamment pour les tranfports d'artillerie & autres munitions de guerre qu'elle faciliteroit.

» On peut encore ranger dans la claffe des travaux utiles, projetés relativement à ces chauffées , l'élargiffement de celle qui conduit de Bouchain à Valenciennes & à Cambray : cet élargiffement d'une chauffée continuellement fréquentée par un nombre infini de chariots chargés fur-tout d'un poids énorme de charbons de terre, rendroit la circulation du commerce & des denrées plus aifée , & préviendroit beaucoup de querelles & d'accidens.

» Ces projets, dont l'utilité fe fait fentir d'elle-même, pourront par la fuite, Meffieurs, occuper vos délibérations ; mais dans l'état préfent des chofes, nous croyons devoir nous contenter de vous obferver que les détails qui précedent , prouvent les foins, l'activité , l'intelligence avec lefquels l'adminiftration de la châtellenie de Bouchain régit les fonds & conduit les travaux de fes grandes routes. Ces confidérations , Meffieurs , nous portent à vous propofer de ne rien changer à un régime auffi avantageux , & qui nous a paru devoir attirer à la châtellenie de Bouchain des éloges juftement mérités ».

Le rapport fini , l'affemblée a délibéré qu'il ne convenoit pas d'entreprendre dans ce moment-ci des conftructions neuves dans la châtellenie de Bouchain , & que la commiffion intermédiaire fe borneroit à y faire exécuter l'entretien annuel, fuivant le régime qui eft établi ; mais que, n'y ayant pas eu de commiffaires nommés pour les routes de cette châtellenie dans la féance du 7 de ce mois, non plus que pour celles des prévôtés de Saint-Amand & de Mortagne, le bureau des travaux publics examineroit s'il conviendroit de nommer des commiffaires pour les routes, tant de la châtellenie de Bouchain, que de ces deux prévôtés, & propoferoit à ce fujet fon avis à l'affemblée, lorfqu'il fera le rapport qu'il a annoncé fur les ponts & chauffées defdites deux prévôtés.

Après quoi, lefdits commiffaires du bureau des travaux publics ont fait lecture d'un projet d'inftruction pour les commiffaires que l'affemblée a nommés pour lefdits travaux, dont la teneur fuit.

« Par délibération prife dans votre affemblée du 7 de ce mois, au matin, vous nous avez chargés de former un projet d'inftruction pour les huit commiffaires aux travaux publics que vous avez jugé à propos de nommer & de diftribuer, fuivant le tableau que nous avions joint à notre dernier rapport. Nous avons l'honneur de vous préfenter, Meffieurs, ce projet d'inftruction ».

» Les commiffaires aux travaux publics feroient chargés :

1°. De parcourir, le plus fouvent poffible, l'étendue des chauffées, tant en pavés qu'en cailloutis, qui leur eft confiée, & de faire rapport à la commiffion intermédiaire de l'état actuel defdites chauffées, en y joignant leurs obfervations.

2°. De veiller à ce que les entrepreneurs & adjudicataires des routes, & les cantonniers obfervent exactement les conditions qui leur font impofées, finon de donner par

provifion

provifion des ordres pour les chofes urgentes , & qui ne peuvent fouffrir de retard , & faire leur rapport des contra-ventions à ladite commiffion, qui ordonneroit définitivement fur chaque objet.

3°. De veiller pareillement à ce que les conducteurs & piqueurs s'acquittent exactement de leurs fonctions , pour en rendre compte à la même commiffion, qui a droit de les defti-tuer, le cas échéant ; les commiffaires pourroient néanmoins, par provifion , les fufpendre de leurs fonctions pour des faits graves.

4°. D'examiner fi quatre pieds cubes de pierres par toife courante pour les rechargemens, & un pied & demi cube de pierres par toife courante pour les entretiens des chauffées en cailloutis , font fuffifans.

5°. D'examiner encore fi le paffage des voitures fur les chauffées pavées, durant les dégels, caufe une dégradation fenfible.

6°. D'obferver s'il eft plus avantageux de laiffer fubfif-ter le nombre actuel des atteliers, de le réduire ou de l'aug-menter.

7°. De donner leurs obfervations fur les ouvrages & les inconvéniens de planter en dedans des routes , dans les foffés, ou au delà , & fur l'efpece d'arbre qui conviendroit le mieux dans chaque canton. Les ormes dont on borde actuel-lement les routes , coutent, plantés & armés, 14 fous le pied ; leur élaguement coûte trois deniers par arbre en fus des élagures qui reftent au profit des ouvriers. L'ébourgeon-nement des arbres fe fait par les cantonniers deux fois l'an , & les bourgeons leur appartiennent.

Les commiffaires les plus voifins de la route projetée de Mau-

P

beuge à Landrecies examineroient particulierement les avantages qui doivent réfulter de cette route, & de la ligne qu'elle doit parcourir ; ils examineroient auffi, s'il convient de la conftruire, & d'y appliquer les 9000 livres de fonds difponibles que l'ingénieur en chef tient en réferve pour cet objet.

Les commiffaires les plus voifins de la route en conftruction de Sains aux limites par delà Trélon, s'occuperoient des réclamations faites par les habitans de Glajon, pour faire paffer ladite route par leur village, foit en changeant la direction qui lui eft donnée, foit en formant un embranchement, pour en faire leur rapport à la commiffion intermédiaire.

Les huit commiffaires, chacun dans leur diftrict, examineront s'il y auroit lieu de propofer à l'affemblée quelque nouvelle communication d'une ville à l'autre, & fe conformeront au furplus aux inftructions qui pourront leur être données par la commiffion intermédiaire ».

Lecture faite dudit projet d'inftruction, l'affemblée l'a approuvé, & a arrêté qu'il en feroit délivré une expédition fignée du fécretaire-greffier, à chacun des huit commiffaires aux travaux publics.

M. le préfident a propofé de nommer une commiffion pour l'inftruction à donner à la commiffion intermédiaire, & elle a été compofée de

MESSIEURS

L'abbé DE CRESPIN,
L'abbé CLOUET.

DE PRÉSEAU D'HUJEMONT.

Le vicomte DU BUAT.

Le Marquis DE CARONDELET.

PROUVEUR DE PONT.

MOUSTIER.

ROUSSEAU DE LAUNOIS.

MOREAU DE BELLAING.

PERDRY DE MAINGOVAL.

Enfuite M. le préfident a levé la féance, & a indiqué la fuivante à demain dix heures & demie du matin.

Signé le duc DE CROŸ.

DENOISEUX , fécretaire-greffier.

SÉANCE *du mardi* 11 *décembre* 1787, *dix heures & demie du matin.*

Lecture a été faite du procès verbal de la féance du lundi 10.

MM. les commiffaires chargés de former un projet de réglement pour la conftitution, ont pris le bureau, & ont fait le rapport fuivant :

MESSIEURS,

« En conféquence de la délibération que vous avez prife enfuite de notre rapport, le 7 de ce mois, de relevée,

P ij

nous nous fommes occupés depuis ce temps à rédiger un projet de réglement conforme à vos arrêtés, ainfi qu'aux obfervations contenues dans notredit rapport, & que vous avez approuvées. Nous avons auffi, d'après l'autorifation que vous nous avez donnée dans votre fufdite délibération, inférée au projet de réglement, que nous allons avoir l'honneur de vous préfenter, quelques additions que le travail de la rédaction de ce projet nous a fuggérées.

» Par exemple, nous avons cru, Meffieurs, que les commandeurs de Malthe qui ont des biens eccléfiaftiques confidérables dans la province, devoient être convoqués aux états, d'autant plus que ces biens, qui, jufqu'à préfent, n'ont pas payé d'impofitions dans la province, vont être foumis aux vingtiemes, comme ceux de tous les autres contribuables.

» Vous obferverez, Meffieurs, que, conformément à vos intentions, nous avons adopté dans le projet de réglement, l'ufage des états de Cambray pour la féance de MM. les commiffaires du roi & du préfident de l'affemblée, & nous avons cru ne pouvoir mieux faire que de vous propofer de fuivre pour le cérémonial de leur réception, ce qui eft réglé par l'inftruction du roi pour votre affemblée provifoire.

» Nous avons dû auffi, Meffieurs, entrer dans quelques détails qu'exigeoit l'efprit de vos délibérations, & qui nous ont paru néceffaires, tels, par exemple, que la nomination des officiers, la députation ordinaire, & l'adminiftration des états; mais ces détails n'alterent point les principes de vos décifions, & ne font que les expliquer.

« En conféquence, voici, Meffieurs, le projet de réglement que nous avons l'honneur de vous propofer ».

MM. les commiffaires ont fait la lecture de ce projet de
réglement , & l'affemblée l'ayant approuvé , elle a arrêté
qu'il feroit annexé à la fuite du procès verbal de fes féances.

Enfuite MM. les commiffaires de l'impôt ont pris le
bureau , & ont fait le rapport qui fuit :

MESSIEURS,

« Le bureau que vous avez chargé de la partie de l'impôt
a jeté fes premiers regards fur l'enfemble de la province ,
& a vu qu'elle eft actuellement compofée de quatorze gouvernemens , prévôtés, châtellenies ou fubdélégations; favoir,
le gouvernement de Maubeuge , qui contient foixante-qua-
torze communautés ; celui du Quefnoy, qui en contient
quarante – cinq ; la prévôté de Bavay, qui en a dix-neuf;
le gouvernement de Landrecies, qui eft compofé de dix-huit;
celui d'Avefnes , qui en contient vingt-fix; celui de Charlemont , quinze ; celui de Philippeville , deux ; la prévôté
de Mariembourg , deux ; le gouvernement de Condé , quatre ; la prévôté de Valenciennes, trente-un ; la châtellenie
de Bouchain , cinquante-huit; la prévôté de Saint-Amand ,
neuf; celle de Mortagne, fept; & la fubdélégation de Fumay,
trois ; en tout trois cent treize villes ou villages.

» Le relevé de la fuperficie de la province, fait fur la
carte de MM. de Ferraris & de Caffini, montre qu'elle ne contient dans fa totalité qu'environ fept cent quarante-un mille
arpens, mefuré de Paris, ou cent vingt-huit lieues carrées,
en comptant la lieue de deux mille deux cent quatre-vingt-
trois toifes , ou de vingt-cinq au degré ; & cette étendue

totale renferme non feulement les biens qui ont jufqu'à préfent contribué à l'impôt des vingtiemes, mais encore les domaines du roi, ceux des princes du fang, & les biens de l'ordre de Malthe qui n'y étoient pas ci-devant affujettis, ou qui payoient des abonnemens extrêmement modérés.

» On peut encore confidérer la province comme compofée de cinq parties féparées les unes des autre ; la premiere comprend les villes de Valenciennes, Bouchain, Saint-Amand, Condé, le Quefnoy, Maubeuge, Bavay, Landrecies, & Avefnes, avec leurs dépendances, la forêt de Mormal & beaucoup de parties de biens appartenans à M. le duc d'Orléans ; une moitié à peu près du fol en eft bon, depuis Bouchain, Saint-Amand, & Condé, jufqu'à la Sambre ; mais toute la partie au delà de cette riviere eft extrêmement médiocre. Ces deux moitiés réunies forment une fuperficie d'environ fix cent cinquante-quatre mille deux cents arpens ; la feconde partie comprend l'enclavement de Barbançon, dont la fuperficie eft de vingt mille arpens, & le fol mauvais ; la troifieme eft l'enclavement de Mariembourg, dont la fuperficie eft d'environ quatre mille huit cents arpens, & le fol très-mauvais ; la quatrieme eft l'enclavement de Philippeville, dont la fuperficie eft d'environ trois mille fix cents arpens, & le fol très-mauvais ; & enfin la cinquieme eft celle de Givet, Fumay, Revin, qui contient environ cinquante-huit mille trois cents arpens, & dont le fol eft extrêmement ftérile, prefque tout couvert de bois de peu de valeur.

» Pour affeoir un impôt fur des territoires auffi variés, il ne fuffiroit pas d'avoir acquis la connoiffance des différens prix moyens auxquels eft portée en chaque lieu la location

des terres, des prés & des bois ; il feroit encore néceffaire,
de connoître avec exactitude l'étendue qu'en occupe chaque
communauté , afin de proportionner la cotte de chaque
ville ou village à la raifon compofée de fon étendue &
de la bonté de fon fol.

» Or, dès le premier examen qu'on en veut faire , on
eft arrêté par une difficulté qui ne fe rencontre peut-être
dans aucune autre province du royaume ; c'eft qu'au lieu
d'une mefure commune pour les terres , comme l'arpent
ou l'acre, il y a fept mefures différentes, compofées de quatre-vingt, quatre-vingt-dix, quatre-vingt-dix-neuf, cent,
cent trente-trois un tiers, cent quarante-quatre , & cent
cinquante verges ; & la verge a elle-même trente-neuf
longueurs différentes, qui varient depuis quinze pieds un
quart Hainaut jufqu'à vingt-deux pieds, de forte qu'il y a
deux cent foixante-treize manieres différentes de mefurer
les terres dans la province.

» Cette effrayante variété exclut, du moins pour long-
temps, la propofition qu'on pourroit être tenté de faire
d'exiger des maïeur & gens de loi de chaque communauté ,
une déclaration ou même un recenfement du nombre de
mefures de terre qui compofent chaque village ; car cette
déclaration , fût-elle faite avec toute la bonne foi poffible,
ne ferviroit abfolument de rien pour la répartition de l'impôt fur les terres, à moins qu'on n'eût formé auparavant
des tables exactes, où la mefure locale de chaque endroit
fût rapportée avec une précifion convenable à une mefure
commune, adoptée dans toute la province. Un arpentage
rigoureux, fait par les arpenteurs du pays, feroit également
inutile, 1°. parce que chaque arpenteur ne connoît point

d'autre mefure que celle qui eft en ufage dans le lieu qu'il
habite ; 2°. parce que la plupart ne font pas affez inftruits
pour faire un arpentage exact ; 3°. parce qu'il pourroit
naître des doutes fur leur bonne foi & leur fidélité; 4°. enfin,
parce que le pied linéaire, qui eft l'unité en dernier reffort
des mefures ordinaires, n'eft pas lui - même uniforme dans
la province.

» Ici, Meffieurs, le bureau ne peut s'empêcher de repréfenter à l'affemblée combien il fera néceffaire, on ne dit
pas de changer les mefures différentes qui font en ufage
pour les terres dans la province du Hainaut, mais du moins
de les rapporter toutes à des mefures communes & invaria-
bles, comme le pied ou la toife de l'académie & l'arpent
de Paris, & de dreffer des tables de comparaifon pour en
faciliter la réduction. Cette opération pourra fe faire par
des géometres, après qu'ils fe feront procuré les véritables
étalons du pied ou de la toife de Paris, & du pied ou de
la toife de Mons, de Valenciennes, de Bouchain, & de
Saint-Lambert.

» Mais revenons à l'impôt, & principalement à celui
des vingtiemes, dont il eft plus néceffaire de s'occuper
d'abord.

» L'affemblée de la province du Hainaut obtenant de fa
majefté la continuation d'un abonnement proportionné aux
facultés de fes habitans, & étant chargée de l'affiette des
impofitions, il ne lui fera pas poffible, pendant les fix
premiers mois de l'année 1788, de fe procurer une connoiffance affez précife des biens de chaque communauté,
pour efpérer d'en faire une répartition plus exacte, c'eft-à-
dire, plus proportionnelle que celle qu'une longue expérience

rience , & la difcuffion fuivie depuis long-temps ont fait établir. Il paroît qu'il n'y auroit rien de mieux à faire dans ce cas que de proportionner , 1°. la cotte de chaque communauté à celle qui étoit fixée en 1787 , eu égard néanmoins à l'augmentation de l'abonnement ; 2°. de charger auffi les communautés dans lefquelles il fe trouve des domaines ou des biens appartenans aux princes du fang ou à l'ordre de Malthe , de la perception des vingtièmes qui feront fixés dans chaque lieu fur ces biens, à l'effet de quoi il fera néceffaire que la commiffion intermédiaire foit autorifée à demander aux directeurs, régiffeurs, & receveurs de ces biens, des déclarations qui feront vérifiées par les maïeurs & gens de loi , en leur fixant provifoirement la fomme à laquelle devront monter ces vingtiemes , fauf la vérification & la décharge ou furcharge qui devra avoir lieu pour les fix derniers mois de 1788.

» A l'égard de la forêt de Mormal ou autres domaines de fa majefté, qui forment un enfemble diftinct & féparé des communautés voifines , les vingtiemes en pourront être perçus féparément par un receveur prépofé à cet effet, & d'après le montant de la derniere adjudication.

» On pourroit, en adreffant pour la premiere fois les mandemens à chaque communauté, demander une déclaration de la longueur de la verge & du nombre de verges que contient chaque mefure ufitée dans le lieu , pour s'affurer fi ces mefures font conformes à celles qui font reprifes à la fuite de la coutume générale du Hainaut , d'après la déclaration des arpenteurs du fiecle dernier ; & la vérification de ces mefures fe feroit par la fuite. Chaque communauté y joindroit un recenfement ou une déclaration

Q

fimple de la quantité de terres, prés, bois, & autres biens
poffédés par le roi, les princes du fang, ou l'ordre de
Malthe, & par la commune du lieu, y compris les Ware-
chaix, enfin une déclaration des cens & rentes qui fe perçoivent au profit des mêmes feigneurs, & qui n'auroient pas
été jufqu'à préfent compris dans les rôles.

» On pourroit enfuite, dans le courant de l'année prochaine, procéder à la vérification de l'étendue de chaque
communauté, à peu près de la maniere fuivante : on choi-
firoit fix perfonnes inftruites, formées à la levée des cartes,
& au-deffus de tout foupçon de corruptibilité ou de partia-
lité, qui partageroient entre elles toutes les communautés
du Hainaut ; ce qui reviendroit à cinquante-deux communautés par perfonne. Elles feroient chargées de lever fur
une échelle d'un pouce pour cent toifes, mefure de Paris,
le contour ou la limite du territoire de chaque communauté, défigné par une fimple ligne, qui en marqueroit le
circuit, fans détailler les terres des différens propriétaires,
mais en plaçant feulement dans l'intérieur de cette ligne
environnante, le clocher du village & le château du fei-
gneur. La ligne de démarcation entre deux communautés
voifines feroit levée & mefurée contradictoirement en pré-
fence des maïeur & gens de loi de chaque communauté
qui feroient tenus d'y affifter. On préfume avec beaucoup
de fondement qu'un de ces géometres, aidé de trois ouvriers, feroit aifément en deux jours une feuille repréfentative des limites d'une communauté, levées à la planchette
& bouffole, ce qui eft une manière exacte & fort expédi-
tive ; en forte que chacun de ces géometres ayant cinquante-
deux feuilles à faire pour fa part, auroit achevé, ainfi que

les cinq autres, tout cet ouvrage en cent quatre jours,
c'est-à-dire, en moins de quatre mois.

» La réunion de toutes ces feuilles formeroit l'ensemble
de la province, qu'on pourroit appeler *le terrier du Hainaut*,
& l'addition de toutes ces surfaces ensemble devroit com-
poser la totalité d'environ sept cent quarante-un mille arpens, conformément au détail ci-dessus. Par ce moyen, qui
est très-simple, on éluderoit la difficulté des mesures différentes, employées en Hainaut dans l'arpentage des terres,
& on calculeroit & coteroit sur chaque feuille le nombre
total d'arpens ou de toises carrées que contiendroit la super-
ficie de chaque communauté.

» Si l'on donnoit à chacun de ces géometres 200 livres
par mois de traitement, il en coûteroit en tout 4800 liv.
pour les six, & 2160 livres pour les ouvriers, à vingt sous
par jour; ce qui reviendroit à 6960 liv. pour la totalité.
Ces géometres correspondroient avec la commission intermédiaire. Leur travail pourroit être, outre cela, fort utile
pour la connoissance des routes & chemins à ouvrir, pour les
communications par eau, pour les dessechemens, inondations, &c., & on conserveroit les originaux de ces feuilles
dans le dépôt des états, pour y avoir recours au besoin.

» La levée & la mesure de cette espece de terrier du
Hainaut, étant finie en 1788, il seroit aisé de faire pour
1789 une répartition d'impôt proportionnée à la véritable
étendue des territoires; & en y ajoutant la connoissance qu'on
acquerra de la vraie valeur moyenne de la location dans
chaque lieu, on aura les données nécessaires pour approcher
de l'exacte confection des rôles, relativement aux vingtiemes
des terres.

Q ij

» On pourroit de plus charger les officiers municipaux de chaque ville du Hainaut de faire faire en 1788, dans le courant de l'été, un état exact de la valeur du loyer de toutes les maisons, établissemens, usines, manufactures, &c. , & ils adresseroient au procureur-syndic de la commission intermédiaire un résultat sommaire de ces états.

» On pourroit aussi engager M. le président à écrire au ministre de la guerre, pour le prier d'adresser au directeur des fortifications de la province, un ordre de faire toiser par MM. les officiers du génie l'étendue en arpens ou en toises carrées du terrein occupé par les fortifications de chaque place, en distinguant les corps de place des ouvrages extérieurs, afin que le tout soit soumis à l'imposition des vingtiemes, comme les autres domaines.

» Enfin, Messieurs, le bureau a l'honneur de vous observer que, pour la répartition des vingtiemes de 1788, il seroit nécessaire d'ordonner qu'ils seront payés sur tous les biens-fonds, dans le lieu où ces biens se trouvent situés, & jamais dans celui du domicile du propriétaire, attendu que c'est un abus qui tire à conséquence, & dont le moindre inconvénient est la difficulté de la vérification de la valeur de ces biens.

» L'arrêt du conseil résultant du brevet général pour l'aide, l'accessoire & la capitation ayant fixé ces impositions, selon l'usage, pour 1788, & le temps ne nous permettant pas de faire à cet égard des observations plus étendues que celles qui ont été mises sous vos yeux par la commission intermédiaire, nous nous bornons à vous observer, qu'en supposant que l'assemblée soit chargée de la répartition de ces mêmes impositions, nous pensons, Messieurs, qu'elle ne

pourra mieux faire que d'autorifer la commiffion intermédiaire à fuivre à cet égard les principes de l'adminiftration
de M. l'Intendant, en ne changeant rien pour l'année 1788
aux formes actuelles.

» D'après toutes les obfervations qu'on vient de faire,
le bureau, Meffieurs, a l'honneur de vous propofer,
1°. d'autorifer la commiffion intermédiaire à faire faire la
vérification & la réduction des mefures du Hainaut ; 2°. à
employer les perfonnes qu'elle croira les plus capables pour
procéder à la confection du terrier du Hainaut, rédigé par
communautés, de la maniere que nous vous l'avons propofé
ci-devant ; 3°. à faire faire par les municipalités de chaque
ville l'état des maifons, ufines, manufactures, & autres
établiffemens, dont il lui fera adreffé un extrait fommaire
qui en faffe connoître la valeur ; 4°. à faire les démarches
néceffaires pour obtenir du miniftre de la guerre le dénombrement des terrains occupés par les ouvrages des fortifications des places du Hainaut, afin de connoître les bafes
d'après lefquelles on pourroit affeoir les vingtiemes fur ces
terrains : enfin à fuivre dans l'affiette des trois divifions des
autres impofitions, fi elle en eft chargée en 1788, les principes de l'adminiftation de M. l'intendant relatifs à cette
affiette ».

L'affemblée ayant ouï le rapport du bureau de l'impôt,
a délibéré d'autorifer la commiffion intermédiaire, 1°. à
faire la vérification & la réduction des mefures du Hainaut ;
2°. à employer les perfonnes qu'elle croira les plus capables
pour lever fur une échelle d'un pouce pour cent toifes le
contour ou la limite du territoire de chaque communauté,

de la maniere propofée audit rapport, par feuilles détachées, dont chacune repréfentera les limites du territoire de chaque communauté; 3°. à faire faire par les municipalités de chaque ville l'état des maifons, ufines, manufactures, & autres établiffemens, dont il lui fera adreffé un extrait fommaire qui en faffe connoître la valeur ; 4°. à écrire au miniftre de la guerre pour obtenir le dénombrement & toifé des terrains occupés par les ouvrages de fortification des places du Hainaut, afin de connoître par ces divers renfeignemens les bafes d'après lefquelles on pourroit affeoir l'impofition des vingtiemes ; 5°. à fuivre dans l'affiette des trois divifions des autres impofitions, fi elle en eft chargée en 1788, les principes de l'adminiftration de M. l'intendant, relatifs à cette affiette.

La féance a été indiquée à demain mercredi, dix heures & demie du matin.

Signé, le duc de CROŸ.

DENOISEUX, fecrétaire - greffier.

SEANCE du mercredi 12 *décembre* 1787, *dix heures & demie du matin.*

Lecture a été faite du procès verbal de la féance du mardi 11.

Enfuite M. le procureur-fyndic ayant fait lecture de la réponfe des magiftrats & confeil particulier de la ville de Valenciennes, du 11 de ce mois, adreffée à M. le préfident, il a été délibéré de prier M. le préfident de la mettre fous les yeux du confeil de fa majefté.

M. le préfident a levé la féance, & à indiqué la fuivante à demain jeudi 1 3, dix heures & demie du matin.

Signé, le duc DE CROŸ.

DENOISEUX, fecrétaire-greffier.

SÉANCE du jeudi 1 3 *décembre* 1 7 8 7 , *dix heures & demie du matin.*

Lecture a été faite du procès verbal de la féance du mercredi 1 2.

Les membres de l'adminiftration de Valenciennes qui fe trouvent en cette affemblée, ont fait des obfervations fur ce que, dans la lettre écrite à M. le préfident le 1 1 de ce mois, au nom des magiftrats & confeil de cette ville, & lue en la féance d'hier, il fe trouve des expreffions dont on pourroit induire qu'ils ont négligé les intérêts de ladite ville. Ils ont obfervé que, quoique le prévôt & le con-feiller-penfionnaire de cette ville, qui font membres de cette affemblée, n'euffent pu obtenir d'inftructions de la part de leur corps, ils n'en avoient pas moins faifi toutes les occafions de rappeler à l'affemblée les privilèges de la ville de Valenciennes, ce dont l'affemblée leur rend témoignage, en faifant inférer ici cette obfervation.

Enfuite MM. les commiffaires des travaux publics ont fait le rapport fuivant :

MESSIEURS,

» La prévôté de Saint-Amand, ainfi que la châtellenie de Bouchain, a pour les grandes routes qui parcourent fon territoire, une adminiftration particuliere, indépendante des officiers du corps des ponts & chauffées.

» Toutes ces grandes routes font en pavés, & ont une étendue de cinq lieues & un quart, de deux mille deux cent quatre vingt-trois toifes à la lieue ; ce qui, à peu de chofe près, revient à fix lieues, de deux mille toifes chacune : leur largeur commune eft de cinquante-un pieds, dont quinze pour le pavé, vingt-quatre pour les deux accôtemens, & douze pour les deux foffés latéraux.

» Les pavés, tant de l'intérieur de la ville, que ceux des grandes routes extérieures, font confiés à la direction du magiftrat de Saint-Amand, qui ordonne les ouvrages, & fait deux ou trois fois l'an la vifite de ceux qui font exécutés. Ces ouvrages font furveillés par un piqueur, à la nomination du magiftrat, qui lui donne une rétribution annuelle de 200 livres.

» Il exifte dans l'étendue de la prévôté de Saint-Amand trente-trois ponts, dont quatre aux portes de la ville, & deux dans fon enceinte. Il y a auffi dans cette prévôté dix-neuf pontceaux, dont deux font auffi renfermés dans l'intérieur de la ville. Des trente-trois ponts, dix-huit font fur les canaux des rives droite & gauche de la Scarpe, &

s'entretiennent

s'entretiennent à frais communs entre la prévôté de Saint-Amand & les parties supérieures, intéreffées à l'écoulement des eaux qui fe jettent dans cette riviere. Deux de ces ponts exigeront une reconftruction neuve en 1788, & l'adminiftration fe propofe d'en conftruire quatre fur le canal de la rive droite de la Scarpe en la même année, fuivant un arrêt du confeil qui l'a ainfi ordonné. On en attend inceffamment un fecond pour fixer & répartir les nouveaux fonds à faire pour l'achevement de ces ouvrages, à caufe de l'infuffifance des premiers.

» La dépenfe des ouvrages neufs & d'entretien des pavés, ponts & pontceaux de l'intérieur & des portes de la ville, fe paye fur fes octrois.

» Les mêmes objets de dépenfe pour l'extérieur de la ville fe payent fur les octrois de la généralité ; il faut excepter cependant les ponts fur les canaux, dont nous avons déjà eu l'honneur de vous parler, Meffieurs, & qui fe payent en commun par la généralité & les parties fupérieures intéreffées.

» Les réparations des pavés feulement, tant de l'intérieur de la ville de Saint-Amand, que des chauffées extérieures, font faites par des entrepreneurs auxquels l'adminiftration de Saint-Amand a paffé, le 13 mai 1785, une adjudication en quatre portions pour le terme de fix ans, qui doivent expirer le 31 décembre 1790, au prix enfemble de 2500 l. par an. Dans cette fomme la généralité contribue pour trois quarts, qui portent 1875 livres, & la ville pour l'autre quart, qui porte 625 livres.

» Une des conditions de la criée & adjudication au rabais des ponts & chauffées de l'adminiftration de Saint-Amand,

eft que *les entrepreneurs ne pourront prétendre aucunes modé-*
rations ni indemnités, fous prétexte d'ouvertures des barrieres
pendant l'hiver , ni pour aucuns cas prévus ni imprévus ; ce
qui confirme l'opinion que l'ouverture des barrieres pendant
les dégels doit occafionner des dégradations qui ont fait
appréhender des demandes en dédommagement.

» L'adminiftration de la prévôté de Saint-Amand a cru,
Meffieurs, que, vu la modicité du prix de l'adjudication,
comparée avec fon objet , & vu l'exactitude des adjudicataires à exécuter les conditions qui leur font impofées ,
il étoit jufte de leur accorder pour cette année une gratification de 500 livres : l'adminiftration paroît même difpofée
à leur continuer tous les ans la même gratification , s'ils con-
tinuent de leur côté à remplir auffi foigneufement leurs
obligations.

» Les réparations des ponts & chauffées de la prévôté
de Saint - Amand coûteront annuellement par ce moyen
3000 liv. , & l'adminiftration croit cependant faire encore
un bénéfice annuel de 4000 liv. fur la dépenfe que ces
objets coûtoient, lorfqu'ils étoient faits par économie.

» De ce que nous venons d'avoir l'honneur de vous expofer, Meffieurs, il réfulte , que l'entretien d'une lieue de
deux mille deux cent quatre vingt-trois toifes de pavés ,
coûte à l'adminiftration de Saint-Amand environ 570 liv.,
tandis qu'avant que ces entretiens fuffent adjugés, il coûtoit
à peu près 1400 livres.

» Les religieux de l'abbaye de Saint-Amand ont fait
planter des ormes & des bois blancs le long de ces grandes
routes , dans un efpace d'environ trois lieues , & ces arbres
leur appartiennent , en leur qualité de feigneurs-voyers ;
le refte des chauffées n'eft pas planté.

» Tel eft, Meffieurs, l'état actuel des chauffées de la ville & de la généralité de Saint-Amand ; tel eft le régime employé pour leur entretien, qui fe fait entierement fans le fecours de la corvée.

» Le régime de la prévôté de Saint-Amand eft auffi celui de la prévôté de Mortagne ; nous ne dirons qu'un mot fur cette derniere adminiftration.

» Il exifte dans fon reffort quatorze ponts ou aquéducs : deux de ces ponts font confidérables ; favoir, ceux de l'Efcaut & de la Scarpe.

» Il exifte auffi deux chemins pavés, l'un nommé *le grand chemin de Leufe*, commençant au village de Maulde , traverfant la ville de Mortagne , finiffant à Flines : il correfpond à cette prévôté dans la longueur d'une demi-lieue environ. L'autre *eft le grand chemin de Mortagne à Condé*, qui s'étend au plus un quart de lieue fur la même prévôté.

» La reconftruction & l'entretien de ces ponts, aquéducs & chauffées , fe prennent fur le produit des octrois de la ville & généralité de Mortagne, dont les comptes font rendus chaque année pardevant M. l'intendant.

» Il feroit difficile de donner au jufte le montant de la dépenfe annuelle des ponts & chauffées de l'adminiftration de Mortagne , parce que cette dépenfe varie fuivant les circonftances. Elle s'élevera cette année à la fomme de 1 0 à 1 1 mille livres, à caufe de la reconftruction du pont de la Scarpe.

» Dans l'état des chofes , nous croyons , Meffieurs, n'avoir aucun changement à vous propofer , relativement à l'adminiftration des ponts & chauffées de Saint-Amand & de Mortagne, avec d'autant plus de raifon , que l'adjudica-

tion des routes de la prévôté de Saint-Amand ne doit expirer
que le dernier décembre 1790. Le feul objet que nous
puiffions foumettre à vos délibérations, Meffieurs, eft la
reconftruction de deux ponts projetée, par l'adminiftation de
Saint-Amand pour l'année prochaine, & la conftruction de
quatre autres mentionnés dans la partie du préfent rapport
qui concerne cette adminiftration.

» Nous croyons pouvoir vous propofer auffi, Meffieurs,
d'attacher à la châtellenie de Bouchain, & à chacune des
prévôtés de Saint-Amand & de Mortagne, *un commiffaire
aux travaux publics*. La même inftruction que nous avons eu
l'honneur de vous préfenter, & que vous avez bien voulu
adopter pour les commiffaires établis dans le reffort de l'adminiftration générale des ponts & chauffées, deviendra commune à ceux que vous jugerez à propos de prépofer à ces
adminiftrations particulieres; & celui que vous commettrez,
Meffieurs, à la châtellenie de Bouchain, pourroit être
chargé nommément d'examiner s'il feroit avantageux d'ouvrir une nouvelle route en pavés, laquelle communiqueroit
de Bouchain au Quefnoy dans une étendue d'environ cinq
lieues ».

L'affemblée ayant ouï le rapport, a délibéré,
1°. De ne rien changer, quant à préfent, au régime fuivi
dans les prévôtés de Saint-Amand & de Mortagne pour les
travaux publics.
2°. D'autorifer la commiffion intermédiaire à prendre
un parti définitif fur les conftructions & reconftructions des
fix ponts qui font propofés audit rapport, & d'y autorifer
l'adminiftration de Saint-Amand, fi elle juge ces ouvrages
néceffaires, après avoir fait examiner cet objet par les

commiſſaires aux travaux publics de cette partie, en obſer-
vant cependant d'attendre l'expédition d'un arrêt du conſeil,
que M. Guitau, prévôt de Saint-Amand, a annoncé devoir
être rendu inceſſamment à l'égard de quatre de ces ponts,
qui ſont projetés comme conſtruction neuve.

3°. De nommer trois commiſſaires aux travaux publics,
qui ſe partageront la ſurveillance de ceux des châtellenies
de Bouchain & prévôtés de Saint-Amand & de Mortagne.
MM. L'abbé d'Haſnon, Déprés & Guitau ont été nommés à
eet effet.

M. le préſident a levé la ſéance, & a indiqué la ſuivante
à demain Vendredi, dix heures & demie du matin.

Signé, le duc DE CROŸ.

DENOISEUX, ſecrétaire-greffier.

SEANCE du vendredi 14 décembre 1787, dix heures & demie
du matin.

Lecture a été faite du procès verbal de la ſéance du
jeudi 13.

Enſuite MM. les commiſſaires du bureau de l'impôt ont
obſervé que, ſi la commiſſion intermédiaire étoit chargée
de répartir & aſſeoir l'impôt, il étoit convenable de déterminer par qui ſeroient viſés & rendus exécutoires les rôles
que ſeroient les municipalités, en conſéquence des mandemens qui leur ſeroient adreſſés par ladite commiſſion inter-

médiaire , & d'ordonner auffi que , dans cette affiette , lefdites municipalités fe conformeroient provifoirement au réglement de M. l'intendant , qui prefcrit la maniere de répartir les impofitions, fauf les notes qui y feroient ajoutées par la commiffion intermédiaire.

Cet objet ayant été mis en délibération , il a été arrêté que , fi la commiffion intermédiaire étoit chargée de l'affiette & répartition de l'impôt , les municipalités des villes , après avoir fait les rôles de leurs ville & banlieue , en conféquence des mandemens de la commiffion intermédiaire & des réglemens qui y feroient joints , les enverroient à ladite commiffion , pour être par elle vifés & rendus exécutoires ; & quant aux rôles des communautés de campagne , il a été arrêté qu'après que les maïeurs & gens de loi auroient fait leurs rôles , en conféquence des mandemens de la commiffion intermédiaire & des réglemens y joints , lefdits rôles devroient être vifés & rendus exécutoires par ceux des membres de l'affemblée qu'elle a délégués provifoirement à cet effet jufqu'à la convocation des états ; favoir :

MESSIEURS,

POULLIAUDE DE THIERRY , pour le gouvernement de Maubeuge.

CANONNE , pour le gouvernement du Quefnoy.

MOUTIER , pour la prévôté de Bavai.

CONTAMINE , pour le gouvernement de Landrecies.

AMANIOU , pour le gouvernement d'Avefnes.

JOLY , pour le gouvernement de Charlemont , & la fubdélégation de Fumai.

(135)

BOSQUET, pour les gouvernemens de Philippeville & de Mariembourg.

LANGLOIS, pour le gouvernement de Condé.

PROUVEUR DE PONT, pour la prévôté de Valenciennes.

DÉPRÉS, pour la châtellenie de Bouchain.

GUITAU, pour les prévôtés de Saint-Amand & de Mortagne.

La commission chargée, dans la séance du 10 de ce mois, de rédiger un projet d'instruction pour la commission intermédiaire, a fait lecture de plusieurs notes instructives à remettre à ladite commission intermédiaire, & ces notes ont été approuvées.

Les commissaires du bureau des fonds & de la comptabilité ont dit, qu'ayant examiné avec le plus grand soin l'état qui a été remis par M. l'intendant, ils n'avoient trouvé aucun moyen de fournir sur des fonds libres aux faux-frais indispensables du moment actuel; & l'assemblée a délibéré de charger la commission intermédiaire de former un état des faux-frais faits jusqu'aujourd'hui, & de s'adresser à M. l'intendant, &, en cas de besoin, au conseil, pour demander les moyens de fournir, tant auxdits faux-frais, qu'à ceux qui seront indispensables, jusqu'à la convocation des états.

M. le président a levé la séance, & a indiqué la suivante à demain samedi 15, dix heures & demie du matin.

Signé, le duc DE CROŸ.

DENOISEUX, secrétaire-greffier.

SEANCE du famedi 15 *décembre* 1787 , *dix heures & demie du matin.*

Lecture a été faite du procès verbal de la féance du vendredi 14.

M. le duc de Croÿ a dit, que l'affemblée provifoire ayant terminé les travaux relatifs aux objets dont elle avoit été chargée, il avoit invité M. le commiffaire du roi à venir en faire la clôture, & il a propofé d'envoyer des députés, pour le prévenir que l'affemblée étoit prête à le recevoir.

MM. l'abbé Gobled & Déprés ayant été députés à cet effet, M. le préfident a dit :

« MESSIEURS,

« Accoutumés depuis le commencement de vos féances à
» confacrer tous vos momens à des travaux qui ont pour but
» le bien de vos concitoyens, vous voyez avec regret arriver
» le moment d'interrompre le cours de ces occupations, fi
» fatisfaifantes pour votre zele ; mais votre temps, Mef-
» fieurs, fera encore employé utilement pour la province :
» rentrés dans vos foyers, vous examinerez dans les divers
» cantons que vous habitez les moyens d'y mettre en pratique
» le bien dont vous vous êtes occupés. Inftruits des objets
» dont les connoiffances feront utiles à la commiffion inter-
» médiaire, vous lui ferez parvenir les renfeignemens que
» vous prendrez journellement fur les lieux. Vous laiffez

dans

» dans cette commiffion, Meffieurs, des membres, pour lef-
» quels la fin de cette affemblée eft le commencement d'une
» nouvelle tâche pénible & importante. Ils ont déjà donné
» des preuves de leur zele & de leurs lumieres. Secondés de
» l'activité intelligente des officiers que vous avez choifis, ils
» ont mis fous vos yeux un travail qui vous a étonnés, par la
» multiplicité des objets qu'il renferme, & qui ont exigé une
» étude profonde dans un efpace de temps bien court. Vous
» jouirez de la fatisfaction de laiffer entre leurs mains les in-
» térêts des peuples du Hainaut; & de correfpondre avec eux
» fur les moyens de contribuer à leur foulagement. Vous
» jouirez auffi de celle de voir régner dans vos environs l'ef-
» poir que ces peuples mettent dans vos foins, pour rendre
» leur condition meilleure. Vous aurez à la vérité la douleur
» de voir de plus près le tableau des befoins, & vous éprou-
» verez fouvent le regret d'être forcés, par une prudence né-
» ceffaire, à retarder l'exécution des projets utiles que vous
» méditez; mais vous aurez du moins la confolation de voir
» fans ceffe fe renouveler devant vous le tableau touchant
» que nous avons eu fous nos yeux pendant notre féjour en
» cette ville; celui de voir tous les ordres de citoyens encou-
» rager vos travaux par leur confiance, fe montrer dignes de
» les partager, par l'intérêt qu'ils y prenoient, & nous offrir
» une bien douce perfpective, en nous faifant entrevoir avec
» quelle facilité l'affemblée des états pourra être renouvelée
» par des membres animés du même zele que vous, Mef-
» fieuts, pour le bien public de cette province ».

MM. les députés étant de retour, & l'affemblée étant informée de l'arrivée de M. le commiffaire du roi, MM. le
vicomte du Buat & Blondel, procureur-fyndic, ont été le

S

recevoir au veftibule du cloître de l'abbaye. MM. l'abbé de Saint-Jean , le marquis de Wignacourt , Poulliaude de Thierry , & Perdry de Mingoval , ont été députés pour le recevoir dans ledit cloître.

M. le commiffaire du roi étant entré , & ayant pris fa place avec les cérémonies accoutumées , a dit :

« MESSIEURS,

» Le temps eft arrivé de mettre un terme à vos travaux,
» & bientôt l'hommage de la reconnoiffance publique fera le
» digne tribut offert à vos foins. Le miniftere que j'exerce
» m'en a rendu jufqu'ici le feul confident, & je me glorifie
» d'avoir le premier applaudi à vos vues patriotiques, à cette
» application conftante & éclairée qui vous a fait faifir l'en-
» femble & les détails de l'adminiftration. Vous partagez ce
» fuccès avec les autres affemblées provinciales, animées du
» même efprit. Il en eft un qui fera votre gloire particuliere :
» le roi a daigné fe communiquer plus intimément à cette pro-
» vince ; il vous a affocié, en quelque forte, Méffieurs, à
» l'exercice de la puiffance légiflative : il vous a permis de
» difcuter le régime le plus favorable à cette province. J'ai
» vu avec admiration le vafte horifon fur lequel vous
» avez fixé vos regards. Vous avez fait paffer en revue
» fous vos yeux toutes les diverfes conftitutions des
» provinces de ce royaume. Vous avez été rechercher
» vos titres de famille dans les archives des états de Mons.
» Vous avez comparé ce que les temps , les lieux , les formes
» actuelles doivent apporter de différence dans les inftitutions.
» Enfin vous avez, Meffieurs, particulierement été attentifs

» à fuivre les intentions de fa majefté , à en faifir l'efprit , afin
» de déterminer une égalité d'influence dans les trois ordres ,
» qui affure à chacun une égalité de traitement dans la répar-
» tition des charges.

» Le monument que vous allez élever , Meffieurs , fera
» à jamais votre éloge ; vos noms feront infcrits dans les ar-
» chives de la province , comme ceux des fondateurs d'un
» empire.

» Il femble qu'après avoir atteint la borne de la fphère
» des fciences & des talens, il ne refte plus à l'efprit d'autre
» emploi de fes facultés que la combinaifon d'une fage admi-
» niftration. Les âges du monde reffemblent à la vie hu-
» maine. C'eft après avoir épuifé les erreurs , embraffé le fan-
» tôme de la gloire , qu'on fe replie vers les folides intérêts.
» Les Rois ne fongent plus à conquérir des provinces pour
» compter de nouveaux fujets ; ils s'occupent de hâter &
» de multiplier les générations de leurs peuples par la perf-
» pective du bonheur. L'établiffement des affemblées provin-
» ciales que fa majefté accorde aux peuples de fon royaume ,
» n'offre aucune augmentation de revenu que celle qui dé-
» rive de la profpérité générale : mais il offre un fpectacle
» fans exemple dans l'hiftoire, celui d'un prince qui n'a point
» la crainte fuperftitieufe de voir diminuer fon autorité par
» les difcuffions de l'efprit public , d'un prince qui fait que
» fon autorité n'a point de bornes pour faire le bien. Sem-
» blable à dieu par fa puiffance, il laiffe, comme dieu, agir les
» caufes fecondes. Elevé de fphère en fphère , fon rang
» fuprême paroît plus exhauffé par les divers degrés qu'il
» établit. Le progrès des lumieres a tout fait ; il a découvert
» aux rois l'union intime de leur intérêt avec l'intérêt public.

(140)

» Jamais dans la monarchie françoise ou n'a vu régner une
» auſſi utile fermentation pour le bien général ; jamais enfin
» l'empire de l'opinion, cette reine du monde, n'a été plus
» dominant, L'annonce des volontés du roi remplit les cœurs
» d'eſpérance, & la plupart de ſes édits ſont des bienfaits
» publics.

  » Chargé de vous faire connoître ſes volontés, je me
» ſuis pluſieurs fois rendu au milieu de vous, Meſſieurs;
» & quelles étoient ces volontés? Tantôt je vous ai annoncé
» la réſolution du roi d'appeler tous les ordres de la province
» à la diſcuſſion éclairée de leurs intérêts ; tantôt je vous ai
» fait part en ſon nom des moyens de ſecourir l'humanité
» ſouffrante, d'augmenter les ſubſiſtances, de multiplier tous
» les genres de productions.

  » Une ſeule fois, Meſſieurs, j'ai été chargé de demander
» à cette province une augmentation d'impôts, qui n'eſt au
» fond que l'établiſſement d'une exacte répartition. La ſomme
» étoit conſidérable, mais elle étoit ſurpaſſée encore par les
» beſoins de l'état. Cette aſſemblée s'eſt trouvée preſſée à
» la fois par ſon extrême confiance pour le roi, par un zele
» pour le bien de l'état, qui ne connoît point de bornes,
» & par le ſentiment éclairé des beſoins & des charges de la
» province.

  » Vous avez adreſſé, Meſſieurs, des repréſentations au
» roi, qu'il vous avoit permis de lui faire, & en même temps
» vous avez répandu la lumiere ſur l'état des campagnes,
» vous avez préſenté le tableau des charges de la province,
» diſtingué celles qu'elle paye avec les autres provinces du
» royaume & celles qui lui ſont particulieres. Trois jours
» étoient à peine écoulés, que le roi, après avoir approuvé

» votre zèle, apprécié vos raisons, avoit déterminé une mo-
» dération que vous aviez à peine espérée. Le roi a voulu
» sans doute signaler par cet acte de bienfaisance les pré-
» mices de votre administration ; il a voulu annoncer aux
» peuples ce qu'ils doivent attendre de votre zèle.

» Les premiers pas de votre carriere, Messieurs, sont mar-
» qués par des bienfaits ; votre zèle animé par la reconnois-
» sance des peuples, prendra chaque jour de nouvelles forces.
» Des impôts compliqués seront simplifiés, des droits oné-
» reux, qui pesent dans quelques lieux, seront diminués, &
» par une intelligente distribution, la charge des peuples
» diminuera, &, ce qui paroît contradictoire, le revenu du
» roi augmentera. Vous entreprendrez & vous acheverez ce
» que je n'ai pu que concevoir. Cette autorité, dont on
» exagere l'étendue, & qui m'est confiée depuis vingt ans, je
» ne l'ai que trop éprouvé, est souvent insuffisante, Mes-
» sieurs, pour faire le bien. Il faut qu'un seul homme lutte
» sans cesse contre les efforts de plusieurs ; sa foible voix se
» perd au milieu de la rumeur de l'intérêt particulier, &
» & les projets qu'il conçoit s'évanouissent avec lui. Un suc-
» cesseur arrive sans connoissance de la province, de ses
» productions, de ses charges, de ses priviléges ; le temps
» qu'il passe à s'instruire, est perdu pour agir, & les abus
» s'invéterent, ils s'enracinent, & finissent par sembler inhé-
» rens au régime. Une assemblée toujours subsistante, ani-
» mée du même esprit, peut suivre avec constance ses projets ;
» l'amour-propre de chacun s'enflamme, & vient joindre son
» puissant aiguillon à l'élan de l'esprit public ; enfin il s'éta-
» blit un commerce de bienfaisance & de lumieres entre
» toutes les provinces. Une méthode utile, circonscrite au-

» paravant dans une partie du royaume, devient le partage de
» toutes. Chaque adminiftration eft à portée de s'éclairer par
» la comparaifon du nombre & du genre des charges , & de
» faifir des rapports particuliers qui peuvent faire naître de
» nouvelles branches d'induftrie. Tels font, Meffieurs, les
» avantages qu'on doit attendre des affemblées provinciales
» & des conftitutions d'états ; & ils dérivent de la nature
» des chofes. L'homme de génie peut concevoir, combiner,
» exécuter, fimplifier plus promptement ; mais le génie eft
» rare , & s'éteint avec la perfonne. Les connoiffances
» éparfes & généralement répandues fubfiftent, fe tranf-
» mettent d'âge en âge , & l'efprit public veille à ce
» qu'elles ne périffent jamais , en attife fans ceffe le
» foyer.

» Mais fi l'expérience, Meffieurs, que me donne un long
» exercice de l'adminiftration, une attentive obfervation fur
» les hommes & les affaires, me rend fenfible tout le bien
» que vous pouvez opérer, elle m'apprend auffi les défavan-
» tages de la pofition d'un commiffaire départi, oppofés à
» toute la faveur que vous procurent les circonftances & la
» fimplicité de vos devoirs.

» Vous êtes, Meffieurs, les organes des peuples ; repré-
» fenter, preffer, fupplier, voilà vos fonctions ; & fi le zèle
» vous entraîne, ce même zèle eft votre excufe naturelle.
» Semblables à un orateur qui foutient éloquemment une
» caufe, vous pouvez vous abandonner à toute la chaleur
» de l'intérêt.

» Un commiffaire départi eft l'homme du roi ; fon mi-
» niftere confifte à faire exécuter fes ordres fuprêmes. Quel-

» quefois le gouvernement peut s'égarer un inftant ; dans
» l'immenfe tourbillon des affaires d'un grand empire, la
» juftice & la vérité ont avant tout des droits fur l'adminif-
» trateur ; il doit les faire connoître, mais c'eft en fecret ; il
» doit approuver en public l'ordre contre lequel il s'éleve avec
» le plus de force. Souvent il ne lui eft pas permis de ma-
» nifefter fa fenfibilité ; quelquefois même il peut être réduit
» à braver la difgrace de ceux qui gouvernent, fans pouvoir
» prétendre à la reconnoiffance de ceux pour qui il fe dé-
» voue. Enfin, Meffieurs, le plus grand jour éclaire vos ac-
» tions, & leur donne tout leur luftre : celles d'un commif-
» faire départi font enfevelies dans le fecret. L'impreffion
» fait circuler rapidement vos projets patriotiques, & le
» réfumé de vos travaux, tandis que le filence nous eft
» prefcrit. Bornés au mérite de l'obéiffance, la gloire nous eft
» en quelque forte interdite. Le public s'entretient de vos
» foins, de vos vues avec admiration, avec reconnoiffance,
» & c'eft un jufte hommage rendu à votre zèle ; mais j'ofe
» affurer que fi la nation avoit fous les yeux les mémoires,
» les repréfentations des commiffaires départis, elle trou-
» veroit dans la plupart d'entre eux des hommes éclairés, qui
» ont fû joindre à la foumiffion du fujet, aux devoirs im-
» périeux de leur miniftere, les vertus du citoyen. Il fut
» peut-être un temps où des troubles récens, des befoins
» urgens, l'ignorance des vrais principes multiplierent les
» actes de l'autorité : mais des lumieres trop lentement
» acquifes, ont fait connoître que la puiffance ne réfi-
» doit pas dans l'action, & qu'en voulant tout faire, elle aug-
» mentoit les embarras. Dès lors les barrieres font tombées,
» le commerce des grains a été libre, les affemblées provin-

» ciales ont été créées ; des fujets actifs, industrieux, proscrits
» depuis un siècle, des hommes qui sembloient des fantômes
» errans dans la société, fans existence civile, vont être peres,
» époux, enfans par la loi : elle consacrera les droits im-
» prescriptibles de la nature. Enfin , Messieurs, le roi, en
» considérant les changemens survenus dans son royaume par
» le laps des temps , l'étendue de la dette publique &
» celle des charges, la complication des impôts , a résolu
» d'assembler la nation. Ce n'est pas comme dans les anciens
» temps pour lui demander des secours , qu'il a déterminé
» cette assemblée ; c'est après avoir pourvu dans sa sagesse
» aux besoins de l'état ; c'est après avoir assuré la dette pu-
» blique, affermi le crédit, qu'il se propose de l'assembler ;
» c'est pour conférer avec elle , fans trouble , fans y être
» forcé par le befoin , fur les plus grands avantages qu'il
» peut procurer à fes fujets. Que verra la nation ? un état
» languissant il y a peu de mois fous le fardeau de fes en-
» gagemens , menacé par une puissance rivale, qui cherchoit
» à profiter de la situation critique des affaires ; elle verra
» le monarque faire des sacrifices personnels , qui semblent
» les plus coûteux aux princes ; son augufte compagne l'imiter
» dans son dévouement ; elle verra un ministre choifi comme
» les dictateurs dans les temps difficiles , ne pas désespérer de
» la chofe publique , & qui a fu opposer avec succès son
» courage & fes talens , aux embarras multipliés des affaires ;
» elle verra enfin ce puissant empire se relever promptement
» par la volonté du monarque , & les ressources du génie tu-
» télaire qu'il fait préfider à fes finances. Tel est le tableau
» qui s'offrira aux yeux de la nation réunie , & jamais cette
» réunion n'aura été formée avec autant d'intelligence ,

jamais

» jamais la nation n'aura eu des repréfentans plus éclairés &
» plus inftruits. Les affemblées provinciales, Meffieurs, en
» font les élémens; & les membres qui les compofent, inf-
» truits à l'avance de l'état des provinces, pourront donner
» des avis plus falutaires. C'eft un des grands avantages qu'on
» peut attendre de cette organifation.

    » Il en eft un autre qui eft fans prix : les lumieres font
» plus répandues dans ce fiecle ; mais malheureufement les
» fiecles les plus corrompus ont été les plus éclairés : l'in-
» duftrie amene les richeffes, & elles aiguifent le goût des
» jouiffances, diminuent du prix de l'opinion, concentrent
» l'homme dans lui-même & dans le cercle de fes intérêts. Les
» affemblées provinciales doivent ranimer le patriotifme, faire
» naître l'efprit public, offrir un aliment à l'amour-propre
» dirigé vers le bien général, un encouragement à la gloire &
» à la vertu.

    » Enfin ces affemblées appellent dans les provinces les
» grands propriétaires, les pénetrent de l'intérêt des peuples,
» & les invitent à répandre parmi leurs vaffaux des richeffes
» prodiguées dans la capitale en fuperfluités. Voilà véritable-
» ment le grand objet que l'adminiftration a dû fe propofer
» dans un pareil établiffement. En même temps que les affem-
» blées provinciales allégeront le fardeau des fubfides par la
» plus jufte répartition, par les changemens qu'il leur fera per-
» mis d'introduire, elles faciliteront aux provinces les moyens
» d'acquitter l'impôt, en y répandant parmi le peuple un nu-
» méraire qui n'y revenoit que lentement, en donnant plus de
» valeur aux denrées, & d'activité à la circulation.

    » Toutes ces vérités, Meffieurs, vous ont frappés, &
» feront l'objet de vos méditations, tandis que la commiffion
» intermédiaire va s'occuper, en votre abfence, des grands

» objets que vous lui avez confiés. Après vous avoir rendu cet
» hommage public, il me reste, Meffieurs, à faire part de
» vos travaux au fouverain & à fes miniftres, à mettre dans
» tout fon jour votre défintéreffement, votre application
» éclairée, & l'impartialité qui a préfidé à vos délibérations.
» Vous dire que je me concerterai en tout avec le chef qui
» vous préfide, c'eft vous convaincre de mon zele pour la
» province. Je m'emprefferai de profiter de fes lumieres ; j'y
» joindrai le foible tribut de mon expérience; & ce concert,
» utile à la province & glorieux pour moi, vous doit être un
» préfage de fuccès ».

M. le préfident a répondu.

MONSIEUR,

« En confidérant l'importance de l'objet de notre mif-
» fion, nous avons dû être effrayés de la difficulté de la bien
» remplir. Vous avez eu journellement fous les yeux la fuite
» de nos travaux, & il eft bien fatisfaifant pour nous d'en
» entendre approuver le réfultat par celui qui eft auprès de
» cette affemblée l'organe du monarque bienfaifant à la con-
» fiance duquel nous avions à répondre. Oui, Monfieur, dans
» le moment où le roi confie à l'affemblée du Hainaut, comme
» à celles des autres provinces de fon royaume, l'adminiftra-
» tion de leur contribution, il a de plus admis, pour ainfi dire,
» dans fon confeil les membres de cette affemblée, en les con-
» fultant fur leur conftitution. C'eft ainfi que nos rois con-
» fultoient autrefois la nation, & les états du Hainaut ont
» toujours joui de l'avantage flatteur d'être confultés par leurs
» fouverains fur les lois qu'ils avoient intention de publier.

» Et dans quel moment, Monfieur, le roi nous a-t-il donné
» cette marque honorable de confiance ? Dans celui où il

(147)

» annonce l'affemblée augufte des états généraux de fon
» royaume. Les états du Hainaut pouvoient-ils être rétablis
» dans une circonftance plus intéreffante ? Ils vont fe prépa-
» rer pour porter dans cette augufte affemblée l'hommage
» d'un zele inftruit & éclairé , l'hommage de la reconnoif-
» fance , enfin l'hommage le plus digne du monarque qui nous
» gouverne, celui de la vérité. Nous avons déjà éprouvé
» qu'on peut la porter avec une refpectueufe franchife aux pieds
» de fon trône : la quotité de l'augmentation préfumée poffi-
» ble par le gouvernement fur l'impofition des vingtiemes
» avoit alarmé nos concitoyens ; mais nous avons expofé avec
» fincérité à fa majefté la véritable fituation des peuples du
» Hainaut. Vous lui avez préfenté les calculs exacts que vos
» lumieres & votre expérience vous mettoient à portée de
» faire avec précifion. Auffi fidele à la vérité & à la juftice
» qu'aux intérêts du roi, vous avez pu les concilier en fui-
» vant les mouvemens de votre cœur pour le foulagement
» des contribuables, & fa majefté a daigné modérer la fomme
» demandée. L'affemblée n'a plus connu que la foumif-
» fion ; mais elle a accompagné cet acte d'obéiffance d'une
» demande refpectueufe que néceffite l'état de cette pro-
» vince, & qui, étant fecondée par vos obfervations, fera
» certainement accordée par un roi jufte. Comment pour-
» rions-nous en douter, lorfque fa majefté fait les plus
» grands facrifices pour modérer ceux de fes peuples, lorf-
» qu'elle ne vous a chargé d'entrer dans cette affemblée,
» pendant le cours de fes féances, que pour apporter des preu-
» ves d'une follicitude paternelle, à laquelle rien de ce qui
» intéreffe le bien public n'eft étranger, & lorfqu'un miniftre,
» appelé dans des temps difficiles, fait allier les travaux mul-
» tipliés qu'occafionnent les circonftances, avec les foins les

T ij

» plus vigilans & les plus efficaces pour le foulagement des
» peuples , & pour des réglemens utiles qu'on auroit à peine
» oſé eſpérer dans les temps les plus tranquilles ? Enfin , com-
» ment le roi pourroit il douter de la néceſſité qui nous force
» à faire cette demande , puiſque nous la faiſons dans un mo-
» ment où notre zele voudroit ne pas connoître de bornes ?
» Vous la mettrez dans tout ſon jour, Monſieur, cette né-
» ceſſité , & nous reconnoîtrons en cela ce que vous venez de
» dire avec tant de vérité , ce que les effets de votre admi-
» niſtration ont fait ſouvent reconnoître : qu'un adminiſtrateur
» tel que vous emploie continuellement ſes ſoins pour faire le
» bien ſans pouvoir jouir de la ſatisfaction de publier ſes dé-
» marches & les ſoins pénibles qu'il ſe donne pour l'opérer.
» Vous venez d'obſerver avec raiſon que les aſſemblées ont
» cet avantage, ainſi que ceux qui réſultent du nombre, de la
» confiance publique, & de l'unité d'intérêts. En nous faiſant
» ſentir les moyens que nous avons pour remplir nos obliga-
» tions, vous nous en rappelez l'étendue ; & il eſt impoſſible de
» ne pas apercevoir que , pour peindre avec tant de vérité les
» avantages d'une aſſemblée deſtinée à faire le bien , il faut
» s'être occupé long-temps, & avec ſuccès, des moyens de le
» procurer : auſſi, Monſieur, regardons-nous comme une pro-
» meſſe précieuſe pour nous, celle que vous nous faites, de vous
» concerter avec nous , tant pour obtenir la ſanction de ſa
» majeſté ſur les propoſitions que nous avons l'honneur de lui
» faire , que pour nous communiquer vos lumieres ſur les pro-
» jets avantageux à la province ».

Enſuite M. le commiſſaire du roi s'étant levé & ayant
ſalué l'aſſemblée, a été reconduit avec les mêmes honneurs
par les mêmes députés.

MM. l'abbé de Crespin , le marquis de Carondelet , Prouveur de Pont, & Odelant de Beauffart ont été députés pour aller faluer M. le commiffaire du roi de la part de l'affemblée.

Le préfent procès verbal a été clos & arrêté ledit jour quinze décembre mil fept cent quatre-vingt-fept. *Signé*

LE DUC DE CROŸ.

AYBERT, abbé de Crefpin.

FRANÇOIS, abbé de Saint-Jean.

VULMAIRE, abbé d'Hautmont.

MARC, abbé de Lieffies.

MAXIMILIEN, abbé d'Hafnon.

MUSTELIER, doyen du chapitre de Saint-Géry.

CLOUET , chanoine de Condé.

P. A.

GOBLED, chanoine d'Avefnes.

PUJOL, prévôt de Valenciennes.

PROUVEUR DE PONT.

GUITAU.

AMANIOU, premier échevin d'Ayefnes.

P. MOUTIER.

CONTAMINE.

ODELANT DE BEAUSSART.

PERDRY DE MAINGOVAL.

Le marquis DE TRAINEL.

DE PRESEAU D'HUJEMONT.

Le Vicomte DU BUAT.

Le Baron DE NÉDONCHEL.

Le Marquis DE CARONDELET, Baron de Noyelles.

Le Marquis de WIGNACOURT.

Le Comte DE LA MARCK, Prince d'Aremberg.

Le Comte D'ESPIENNES.

POULLIAUDE DE THIERŸ.

LANGLOIS , échevin de Condé.

DÉPRÉS.

JOLŸ.

CANONNE.

DEROISIN.

MOREAU DE BELLAING.

ROUSSEAU DE LAUNOIS.

SCORION.

BLONDEL , procureur-fyndic.

DENOISEUX , fecrétaire-greffier.

MÉMOIRE

DE L'ASSEMBLÉE PROVISOIRE DU HAINAUT,

Lu dans la séance du lundi 26 novembre.

L'ASSEMBLÉE provisoire du Hainaut ayant pris lecture des instructions qui lui ont été remises par M. le commissaire du roi, a été consternée en apprenant que sa majesté a cru cette province en état de supporter sur les vingtiemes l'augmentation annoncée par lesdites instructions ; mais elle se rassure par la persuasion que le conseil du roi n'a pas connu sa véritable situation relativement aux impositions, & que, mieux informée à cet égard, sa majesté daignera reconnoître l'impossibilité de percevoir cette augmentation sur une province qui auroit bien plutôt besoin d'être soulagée. Si l'on croit en général que la province du Hainaut a été ménagée parce qu'elle est abonnée, l'assemblée ne peut pas douter que la connoissance de la vérité détruira cette opinion, & que la justice de sa majesté étant éclairée sur cette vérité, elle daignera avoir égard à ses très-humbles & très-respectueuses représentations & observations.

1°. L'étendue de la généralité du Hainaut (non compris le Cambresis), mesurée exactement d'après la meilleure carte, ne contient que cent vingt-huit lieues carrées de vingt-cinq au degré, y compris tous les domaines, biens

A

des princes & de l'ordre de Malthe, fans déduire les rivieres & chemins qu'on eftime un cinquieme.

Et il eft fans doute étonnant qu'une auffi petite étendue paye déjà 508,000 livres de vingtiemes, fur-tout fi l'on confidere qu'il y a au moins moitié de très-mauvaifes terres dans cette province.

2°. On obfervera que l'augmentation du produit des terres, depuis 1756, dans le Hainaut, ne peut être comparée en aucune maniere avec celle qui a eu lieu dans les autres provinces du royaume. La plupart de ces provinces, à cette époque, avoient très-peu de chemins & de débouchés. L'agriculture n'y étoit pas en vigueur, & les terres y avoient très-peu de valeur. Dans le Hainaut, au contraire, prefque tous les chemins & toutes les rivieres navigables exiftoient à l'époque de 1756. L'agriculture y étoit au même point qu'aujourd'hui, & le produit des terres étoit à peu près le même dans beaucoup d'endroits de la province. On pourroit tout au plus en excepter de petits cantons qui font le plus expofés à la vue, étant voifins de Valenciennes; mais ces cantons font un point en comparaifon de la province; & comme ils font auprès de la capitale, ils auroient pu induire dans la plus grande erreur fur l'augmentation des terres en général dans le Hainaut. On doit obferver ici que le prix des blés n'eft pas augmenté d'un quart de l'époque de 1756 à 1786.

3°. Enfin on obfervera que, dans les parties du Hainaut les plus peuplées, & par conféquent les plus connues, on eft dans l'ufage de louer les terres en détail, par très-petites parties. Cet ufage qui fait vivre le peuple, fait louer les terres à un prix plus haut; mais un grand nombre de ces petits locataires font infolvables , & il s'en faut de beaucoup que le propriétaire retire , année commune , la fomme qu'il femble devoir retirer d'après le prix de ces baux. Si l'on taxoit ces propriétaires d'après ce prix, ils abandonneroient cet ufage, & cela ruineroit la claffe indigente & précieufe des petits cultivateurs.

Le confeil de fa majefté a jugé que les provinces pour-roient faire fupporter , par les domaines , les biens des princes , ceux du clergé , & ceux de l'ordre de Malthe , une partie de l'augmentation demandée ; mais la province du Hainaut ne peut pas être comparée à cet égard avec les autres provinces ; car fon clergé , qui ne fait pas partie du clergé de France , a , de tout temps , acquitté les vingtie-mes , & cette confidération eft d'autant plus importante, qu'à moins d'avoir fuppofé au Hainaut cette reffource qui feroit confidérable , parce que le clergé y poffede de grands biens , il feroit impoffible qu'on eût cru cette province en état de fupporter une augmentation de vingtiemes tant foit peu confidérable. Il eft même probable qu'il fe trouvera beaucoup de terres dans le Hainaut dont on ne pourra pas du tout augmenter les vingtiemes, parce que beaucoup de ces terres font poffédées par des étrangers qui , n'ayant pas été à portée de défendre leurs intérêts , ont été taxés fans ménagement.

L'affemblée & la commiffion intermédiaire, dans le court efpace de temps qu'elles ont pu employer à s'inftruire des impofitions du Hainaut , ont été effrayées de la charge énorme qui pefe fur les peuples de cette province. Les an-ciennes impofitions de la domination efpagnole fe payent en outre des vingtiemes & de la capitation ; il en a été fucceff-

(4)

fivement ajouté de nouvelles qui devoient ceffer à la fin des guerres, & qui ont cependant été continuées. L'aide extraordinaire, par exemple, eft dans ce cas; elle a été prorogée avec promeffe que par ce moyen le pays feroit exempt de toutes demandes de finance; & cependant les nouvelles impofitions y ont été poftérieurement établies.

Le pays acquitte encore une foule de droits tant anciens que nouveaux, dont l'énumération feule feroit effrayante; ils font particuliers à cette province, & repréfentent, d'une maniere bien onéreufe à fes habitans, la taille qui exifte dans les autres parties du royaume.

Ces mêmes habitans payent encore une infinité de droits particuliers dont l'importance n'eft pas dans le cas d'être mife habituellement fous les yeux du confeil de fa majefté, parce que leur produit eft employé fur les lieux; mais c'eft en grande partie pour des dépenfes qui concernent le fervice du roi, & qui, dans les autres provinces, font acquittées par fon tréfor royal.

La juftice du roi lui a fait préférer une répartition plus exacte des vingtiemes à la prorogation du troifieme vingtieme; mais combien l'augmentation demandée ne feroit-elle pas plus onéreufe que le troifieme vingtieme, puifqu'il ne montoit en Hainaut qu'à 214,000 livres, & que l'augmentation demandée eft prefque triple de cette fomme!

L'affemblée ne peut pas douter que ces confidérations étant mifes fous les yeux d'un monarque jufte & bienfaifant, il ne les recoive avec bonté.

Sa majefté daignera y reconnoître :

1°. Que d'après les premiers renfeignemens que vient de prendre l'affemblée fur l'étendue du Hainaut, cette

province fupporte dès aujourd'hui des vingtiemes bien confidérables en raifon de cette étendue , & du défaut de ferti-
lité de la plus grande partie de fon fol.

2°. Que les revenus des biens en Hainaut n'ont pas
augmenté , à beaucoup près , dans la même proportion
que dans les autres provinces , & qu'on n'en doit pas juger
par de très-petits cantons voifins de Valenciennes.

3°. Que le prix du loyer des terres louées en détail,
pourroit induire dans une grande erreur fur le véritable
produit qu'en tirent les propriétaires.

4°. Que le clergé du Hainaut ne lui offre pas la reffource
de nouveaux contribuables, pour fupporter une partie de
l'augmentation demandée.

5°. Que le Hainaut eft énormément chargé d'autres impofitions ou droits de toutes efpeces , dont la plupart
n'exiftent que dans cette province , & dont plufieurs ne
font pas mis habituellement fous les yeux du confeil.

6°. Que la condition des peuples du Hainaut feroit , par
l'augmentation demandée , trois fois plus malheureufe que
lorfqu'elle fupportoit la charge pefante du troifieme vingtieme , & qu'elle feroit bien plus à plaindre que des provinces voifines, auxquelles on n'a pas demandé un quart en
fus de ce qu'elles payoient ci-devant.

Enfin quand on fuppoferoit que l'augmentation du produit
des terres dans le Hainaut eft d'environ un quart depuis
1756 , ce qui feroit une fuppofition forcée, il ne faudroit,
pour y proportionner l'augmentation des vingtiemes , que
les augmenter d'un quart en fus de la fomme que le Hainaut a été jugé en état de fupporter en ladite année. Or le
feu roi a fixé l'abonnement du Hainaut , en 1756 , à

429,000 livres, & en ajoutant un quart en fus de cette fomme, on ne trouvera que celle de 536,000 livres, qui eſt prefque femblable à celle de l'abonnement actuel des vingtiemes. Il n'y auroit donc à attendre d'autre augmentation que celle qui doit réfulter des nouveaux biens impofables.

On voit qu'il y a bien long-temps que la province jouit de la forme d'un abonnement ; la ceſſation de cette forme, qui fait partie des priviléges dont elle eſt accoutumée de jouir, deviendroit auſſi frayeufe pour fa majeſté que défolante pour la province ; mais l'aſſemblée du Hainaut ne croiroit pas répondre à la confiance dont fa majeſté l'a honorée par la miſſion dont elle l'a chargée, ſi elle ne mettoit avec une refpectueufe franchife ces vérités fous fes yeux, ſi elle lui propofoit une augmentation quelconque d'abonnement qui furpaſſeroit les forces de la province, & ſi, n'ayant qu'une exiſtence provifoire, elle ne fe bornoit pas à fupplier très-refpectueufement fa majeſté, 1°. de confidérer combien peu le Hainaut eſt en état de fupporter d'augmentation au delà de celle que peuvent acquitter les biens nouvellement impofables ; 2°. de conferver à la province la forme de l'abonnement dont elle jouit depuis longtemps ; 3°. de permettre plutôt que l'aſſemblée provifoire foit difpenfée de percevoir toute autre augmentation de vingtiemes que celle que pourront acquitter les biens nouvellement impofables, jufqu'à ce que les états étant formés l'année prochaine, puiſſent offrir à fa majeſté des preuves de leur zele proportionnées aux facultés des contribuables ; enfin de fe borner, jufqu'à cette époque, aux autres objets que le roi lui a plus particulierement confiés, & de ne s'occuper à l'égard des vingtiemes que des travaux propres à éclairer lefdits états, pour parvenir à la répartition plus jufte que l'équité de fa majefté lui fait. défirer, à l'effet de quoi tous renfeignemens néceffaires lui feroient remis.

Cette même équité autorife fans doute l'affemblée à foumettre très-refpectueufement à fa majefté une obfervation fur l'abonnement qui exifte actuellement en Hainaut. Il n'exifte pas pour une année feulement, comme dans d'autres provinces abonnées où les abonnemens fe renouvellent d'année en année. Il eft établi par quatre arrêts du confeil des 7 avril & 3 juillet 1 7 8 1 , pour neuf années, & ne doit expirer qu'au 3 1 décembre 1 7 9 0.

L'affemblée fe borne à fupplier très-humblement fa majefté de pefer dans fa fageffe & dans fa juftice la valeur de cette dernière confidération ; elle attend tout de la bonté paternelle du roi. Le Hainaut vient d'en recevoir un témoignage précieux par l'affurance de la convocation des états pour l'année prochaine , & fa majefté ne permettra pas que les larmes des contribuables dont on exigeroit un tribut au delà de leurs forces , troublent la joie univerfelle & les tranfports de reconnoiffance & de zele que font éclater à ce fujet tous les habitans de cette province.

A Valenciennes, ce 2 6 novembre 1 7 8 6.

Signé le duc DE CROŸ.

DENOISEUX , fecrétaire-greffier.